JUDITH
BUTLER

A vida psíquica do poder:
teorias da sujeição

FILŌ   autêntica

JUDITH
BUTLER

A vida psíquica do poder:
teorias da sujeição

8ª reimpressão

TRADUÇÃO Rogério Bettoni

Copyright © 1997 the Board of Trustees of the Leland Stanford Junior University

Título original: *The Psychic Life of Power: Theories in Subjection*

Publicado em inglês pela Stanford University Press. Todos os direitos reservados. Esta tradução é publicada através de acordo com a Stanford University Press, www.sup.org. Todos os direitos reservados pela Autêntica Editora Ltda. Nenhuma parte desta publicação poderá ser reproduzida, seja por meios mecânicos, eletrônicos, seja via cópia xerográfica, sem a autorização prévia da Editora.

COORDENADOR DA COLEÇÃO FILÔ
Gilson Iannini

CONSELHO EDITORIAL
Gilson Iannini (UFMG); *Barbara Cassin* (Paris); *Carla Rodrigues* (UFRJ); *Cláudio Oliveira* (UFF); *Danilo Marcondes* (PUC-Rio); *Ernani Chaves* (UFPA); *Guilherme Castelo Branco* (UFRJ); *João Carlos Salles* (UFBA); *Monique David-Ménard* (Paris); *Olímpio Pimenta* (UFOP); *Pedro Süssekind* (UFF); *Rogério Lopes* (UFMG); *Rodrigo Duarte* (UFMG); *Romero Alves Freitas* (UFOP); *Slavoj Žižek* (Liubliana); *Vladimir Safatle* (USP)

EDITORAS RESPONSÁVEIS
Rejane Dias
Cecília Martins

PROJETO GRÁFICO
Diogo Droschi

REVISÃO
Aline Sobreira

CAPA
Alberto Bittencourt
(University of California, Berkeley)

DIAGRAMAÇÃO
Larissa Carvalho Mazzoni
Waldênia Alvarenga

Dados Internacionais de Catalogação na Publicação (CIP)
(Câmara Brasileira do Livro, SP, Brasil)

Butler, Judith
  A vida psíquica do poder : teorias da sujeição / Judith Butler ; tradução Rogério Bettoni. -- 1. ed. ; 8. reimp. -- Belo Horizonte : Autêntica, 2025. -- (Filô)

  Título original: The Psychic Life of Power : Theories in Subjection
  ISBN 978-85-513-0297-2
  Bibliografia.

  1. Poder (Ciências sociais) 2. Poder (Filosofia) 3. Self (Filosofia) 4. Self - Aspectos sociais 5. Sujeito I. Título. II. Série.

17-09470   CDD-126

Índices para catálogo sistemático:
1. Sujeito : Filosofia 126

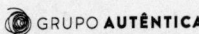

Belo Horizonte
Rua Carlos Turner, 420
Silveira . 31140-520
Belo Horizonte . MG
Tel.: (55 31) 3465 4500

São Paulo
Av. Paulista, 2.073 . Conjunto Nacional
Horsa I . Salas 404-406 . Bela Vista
01311-940 . São Paulo . SP
Tel.: (55 11) 3034 4468

www.grupoautentica.com.br
SAC: atendimentoleitor@grupoautentica.com.br

Agradecimentos

Este livro recebeu o generoso financiamento de uma Bolsa de Pesquisa em Ciências Humanas da Universidade da Califórnia em Berkeley. Agradeço a amigos e colegas cujas leituras de alguns capítulos foram decisivas: Wendy Brown, William Connolly, David Palumbo-Liu, Kaja Silverman, Anne Norton, Denise Riley e Hayden White, além de todos os alunos que participaram do seminário "Social Subjects/ Psychic States" em Berkeley. Agradeço a Adam Phillips pela permissão de republicar aqui o diálogo que mantivemos na revista *Psychoanalytic Dialogues*. Também agradeço a Helen Tartar pela edição minuciosa, meticulosa e perspicaz, e a Gayle Salamon pela ajuda com o manuscrito.

9 Introdução

39 **Apego obstinado, sujeição corporal**
Relendo Hegel sobre a consciência infeliz

69 **Circuitos da má consciência**
Nietzsche e Freud

89 **Sujeição, resistência, ressignificação**
Entre Freud e Foucault

113 **"A consciência nos torna a todos sujeitos"**
A sujeição em Althusser

141 **Gênero melancólico/identificação recusada**

159 **Manter em movimento**
Comentário de Adam Phillips sobre Judith Butler

169 Resposta a Adam Phillips

175 **Começos psíquicos**
Melancolia, ambivalência, fúria

Introdução

> Captar a instância material da sujeição
> enquanto constituição dos sujeitos.
>
> Michel Foucault, "Soberania e disciplina"
>
> A cisão do sujeito, dentro da qual o si-mesmo tal como presente para si é apenas um momento, e a reflexividade carregada desse momento, é o ponto de apoio, dentro do sujeito, de sua sujeição. A culpa intensa e corpórea da qual o sujeito se investe como insinuação febril dessa autoconsciência, que acaba por saber tão pouco de si mesma, é decisiva para garantir o controle interno profundo que chamamos de interpelação.
>
> Francis Barker, *The Tremulous Private Body: Essays on Subjection*
>
> Sujeição... Ato ou efeito de estar sujeito, como a um monarca ou soberano, ou a um poder superior; daí gen. subordinação. [...] Condição de estar sujeito ou exposto a; de responder perante a; responsabilidade legal [...] Lógica. Ato de fornecer um sujeito a um predicado.
>
> *Oxford English Dictionary*

Como forma de poder, a sujeição é paradoxal. Uma das formas familiares e angustiantes como se manifesta o poder está no fato de sermos dominados por um poder externo a nós. Descobrir, no entanto, que o que "nós" somos, que nossa própria formação como sujeitos, de algum modo depende desse mesmo poder é outro fato bem diferente. Estamos acostumados a pensar no poder como algo que pressiona o

9

sujeito de fora, que subordina, submete e relega a uma ordem inferior. Essa é certamente uma descrição justa de parte do que faz o poder. Mas, consoante Foucault, se entendemos o poder também como algo que forma o sujeito, que determina a própria condição de sua existência e a trajetória de seu desejo, o poder não é apenas aquilo a que nos opomos, mas também, e de modo bem marcado, aquilo de que dependemos para existir e que abrigamos e preservamos nos seres que somos. O modelo habitual para entender esse processo é este: o poder se impõe sobre nós; enfraquecidos pela sua força, nós interiorizamos ou aceitamos seus termos. O que essa descrição não diz, no entanto, é que "nós" que aceitamos tais termos somos fundamentalmente dependentes deles para "nossa" existência. Não existem condições discursivas para a articulação de um "nós" qualquer? A sujeição consiste precisamente nessa dependência fundamental de um discurso que nunca escolhemos, mas que, paradoxalmente, inicia e sustenta nossa ação.

"Sujeição" significa tanto o processo de se tornar subordinado pelo poder quanto o processo de se tornar um sujeito. Seja pela interpelação, no sentido de Althusser, seja pela produtividade discursiva, no sentido de Foucault, o sujeito é iniciado através de uma submissão primária ao poder. Embora Foucault identifique uma ambivalência nessa formulação, ele não entra em detalhes sobre os mecanismos específicos de como o sujeito se forma na submissão. A teoria de Foucault quase deixa passar em branco todo o campo da psique, mas não só isso: o poder, nessa dupla valência de subordinação e produção, também não é explorado. Portanto, se a submissão é uma condição da sujeição, faz sentido perguntar: qual é a forma psíquica que o poder adota? Tal projeto requer que a teoria do poder seja pensada junto de uma teoria da psique, tarefa evitada por escritores tanto da ortodoxia foucaultiana quanto da ortodoxia psicanalítica. Embora não ofereça a promessa de uma grande síntese, a presente investigação busca explorar as perspectivas provisórias a partir das quais uma teoria ilumina a outra. O projeto não começa nem termina com Freud e Foucault; a questão da sujeição, de como o sujeito se forma na subordinação, será tratada na seção sobre a *Fenomenologia do Espírito*, de Hegel, que descreve a abordagem do escravo à liberdade e sua decepcionante queda na "consciência infeliz". O senhor, que a princípio parece ser "externo" ao escravo, ressurge como a própria consciência do escravo. A infelicidade da consciência que surge é sua própria autocensura, o efeito da transmutação do mestre em uma realidade psíquica. As automortificações que buscam aliviar a persistente corporeidade da autoconsciência instituem a má consciência. Essa figura da consciência voltada sobre si mesma prefigura o relato de Nietzsche, em *Genealogia da moral*, não só de como a repressão e a regulação formam os fenômenos sobrepostos de consciência e má consciência, mas também de como esses fenômenos se tornam essenciais para a formação, a permanência e a continuidade do sujeito. Em cada caso, o poder que a princípio aparece como externo, imposto ao sujeito, que o pressiona à subordinação, assume uma forma psíquica que constitui a identidade pessoal do sujeito.

A figura assumida por esse poder é marcada inexoravelmente pela imagem de retorno, de uma volta sobre si mesma ou até *contra* si mesma. Essa figura se dá como parte da explicação de como se produz o sujeito, por isso não há sujeito, em sentido estrito, que faça essa volta. Pelo contrário, essa volta parece funcionar como inauguração topológica do sujeito, um momento fundador cujo status ontológico se mantém permanentemente incerto. Desse modo, parece difícil, talvez até impossível, incorporar essa ideia na explicação da formação do sujeito. A quem ou a que se atribui essa volta, e qual é seu objeto? Como é possível um sujeito ser forjado a partir de uma forma de torção ontologicamente vaga? Com a inserção dessa figura, talvez nosso interesse não seja mais "dar um relato da formação do sujeito". Em vez disso, estamos diante da suposição tropológica feita por qualquer explicação desse tipo – uma suposição explicativa, mas que também delimita a explicação. Parece que entramos nesse dilema tropológico no momento em que buscamos descobrir como o poder produz seu sujeito, como o sujeito recebe o poder pelo qual é inaugurado. Não podemos pressupor um sujeito capaz de internalização sem que a formação do sujeito seja explicada. A figura a que nos referimos ainda não adquiriu existência e não faz parte de uma explicação verificável; nossa referência, contudo, continua fazendo certo sentido. O paradoxo da sujeição implica o paradoxo da referencialidade: isto é, que devemos nos referir ao que ainda não existe. Procuramos explicar o vir a ser do sujeito usando uma figura que marca a suspensão de nossos compromissos ontológicos. Que essa figura seja em si uma "volta" é, em termos retóricos, performativamente espetacular: "volta" traduz o sentido grego de "tropo". Desse modo, o tropo da volta tanto indica quanto exemplifica a condição tropológica do gesto.[1] A sujeição inaugura a tropologia de alguma maneira,

---

[1] Hayden White observa, em *Trópicos do discurso*, que "a palavra *trópico*, de tropo, deriva de *tropikos*, *tropos*, que no grego clássico significa 'mudança de direção', 'desvio', e na *koiné* 'modo' ou 'maneira'. Ingressa nas línguas indo-europeias modernas por meio de *tropus*, que em latim clássico significava 'metáfora' ou 'figura de linguagem', e no latim tardio, em especial quando aplicada à teoria da música, 'tom' ou 'compasso'" (p. 14). White continua o raciocínio e associa a noção de tropo à palavra inglesa *style* [estilo], termo que, para ele, diferencia o estudo do discurso tanto do estudo da ficção quanto da lógica. Os tropos são "desvios" da linguagem habitual, mas que também geram figuras de linguagem ou de pensamento (essa distinção também é fundamental para a explicação de Quintiliano). Nesse sentido, um tropo pode produzir uma conexão entre termos que não são considerados usuais ou lógicos. Para nossos propósitos, isso significa que o modo de funcionamento de um tropo não se restringe às versões aceitas da realidade. Ao mesmo tempo, um tropo não funciona — isto é, não gera novos significados ou conexões — se seu afastamento do costume e da lógica não for reconhecido como tal. Nesse sentido, o funcionamento do tropo pressupõe uma versão aceita da realidade. Para Nietzsche, no entanto, a recirculação e a sedimentação dos tropos são a condição de possibilidade do uso habitual da linguagem.

ou nós evocamos necessariamente o trabalho inaugurador dos tropos quando tentamos explicar a geração do sujeito? Voltaremos a esse ponto mais no fim da investigação, quando considerarmos como a explicação da melancolia participa do mecanismo que descreve, produzindo topografias psíquicas que são claramente tropológicas.

A cena de "interpelação" oferecida por Althusser é um exemplo desse esforço quase fictício para relatar como o sujeito social é produzido através de meios linguísticos. A doutrina da interpelação, no pensamento de Althusser, prepara o terreno para as ideias posteriores de Foucault a respeito da "produção discursiva do sujeito". Foucault, é claro, insiste que o sujeito não ganha existência por ser "dito", e que as matrizes de

---

Na verdade, ele argumenta que os tropos são a substância de onde surgem a linguagem literal e a conceitual. A linguagem habitual só se consolida através de uma espécie de esquecimento do status tropológico da linguagem. A linguagem habitual é o efeito de sedimentação ou "amortecimento" dos tropos. Nietzsche esclarece essa sugestão, tanto argumentativa quanto retoricamente, no ensaio "Sobre verdade e mentira no sentido extramoral", nas *Obras incompletas*. Tradução de Rubens Rodrigues Torres Filho. São Paulo: Nova Cultural, 1999, p. 51-60.

Nos séculos XVII e XVIII, a palavra inglesa *turn* [volta, virada] tinha o sentido de "tropo" e era usada para se referir a várias figuras sintáticas de linguagem. Richard Lanham escreve que um tropo é um tipo específico de figura que muda o significado de uma palavra (*A Handlist of Rhetorical Terms*. Berkeley: University of California Press, 1991). Alguns defendem manter o termo "figura" para termos que alteram o significado de mais de uma palavra. Quintiliano se opõe a essa distinção, insistindo que essa mudança de significado acontece de maneiras que não são redutíveis a palavras singulares ou plurais, e define "tropo" como uma mudança de significado, ao passo que "figura" é usado para uma mudança na forma (isto é, a forma de um padrão de discurso ou mesmo um gênero de escrita). Que essa volta seja considerada geradora ou produtora parece especialmente relevante para nossa consideração da produção ou geração do sujeito. A geração não é apenas o que faz o tropo; a explicação da geração parece exigir o uso de tropos, uma operação de linguagem que tanto reflete quanto encena a generatividade que tenta explicar, irredutivelmente mimética e performativa.

poder e discurso que constituem o sujeito não são singulares nem soberanas em sua ação produtiva. No entanto, Althusser e Foucault concordam que existe uma subordinação fundadora no processo de *assujettissement*. No ensaio "Ideologia e aparelhos ideológicos de Estado", de Althusser, a subordinação do sujeito acontece pela linguagem como efeito de uma voz de autoridade que chama o indivíduo. No exemplo infame oferecido por Althusser, um policial chama um transeunte na rua, ao que este se vira e se reconhece como aquele que é chamado. A interpelação – a produção discursiva do sujeito social – acontece nessa troca pela qual o reconhecimento é oferecido e aceito. É importante destacar que Althusser não diz nada que explique por que o indivíduo se vira, aceitando a voz que o interpela e a subordinação e a normatização que essa voz impõe. Por que o sujeito se volta para a voz da lei, e qual é o efeito dessa volta na inauguração do sujeito social? Esse sujeito se sente culpado, e, se sim, de onde vem sua culpa? A teoria da interpelação exige uma teoria da consciência?

A interpelação do sujeito através do chamado inaugurador feito pela autoridade estatal pressupõe não só que a consciência já tenha sido inculcada, mas também que a consciência, entendida como a operação psíquica de uma norma reguladora, constitui um trabalho especificamente psíquico e social de poder do qual a interpelação depende, mas que não consegue explicar. Além disso, o modelo de poder na descrição de Althusser atribui poder performativo à voz de autoridade, à voz da sanção, e, desse modo, a uma noção de linguagem entendida como discurso. Como podemos explicar o poder do discurso escrito, ou do discurso burocrático, que circula sem voz ou assinatura? Por fim, a concepção de Althusser, por mais útil que seja, continua implicitamente limitada pela noção de um aparelho de Estado centralizado, modelado na autoridade divina e cuja palavra é ato. Foucault desenvolve sua noção de discurso em parte para refutar o modelo soberano do discurso interpelativo em teorias como a de Althusser, mas também para ter em conta a eficácia do discurso em outras instanciações que não sejam a palavra falada.

Apegos apaixonados

A insistência em que o sujeito tem um apego apaixonado por sua própria subordinação tem sido evocada cinicamente por quem tenta desacreditar as reivindicações dos subordinados. A ideia é que se for possível mostrar que o sujeito leva adiante ou sustenta sua condição de subordinado, talvez a responsabilidade final dessa subordinação seja do próprio sujeito. Em oposição a essa ideia, eu diria que o apego à sujeição é gerado pelo poder, e parte dessa operação do poder se esclarece nesse efeito psíquico, uma de suas produções mais insidiosas. Se, num sentido nietzschiano, o sujeito é formado por uma vontade que se volta sobre si e assume uma forma reflexiva, então o sujeito é a modalidade de poder que se volta sobre si; o sujeito é o efeito do poder em recuo.

O sujeito que é ao mesmo tempo formado e subordinado já está implicado na cena da psicanálise. A subordinação reinterpretada por Foucault como algo que se impõe ao sujeito e também o forma, ou seja, que se impõe ao sujeito já em sua formação, sugere uma ambivalência no âmbito em que o sujeito surge. Se o efeito da autonomia é condicionado pela subordinação, e se essa subordinação (ou dependência) fundadora é rigorosamente reprimida, o sujeito surge em conjunção com o inconsciente. A postulação foucaultiana da sujeição como subordinação e formação simultânea do sujeito assume um valor psicanalítico específico quando consideramos que nenhum sujeito surge sem um apego apaixonado àqueles de quem ele depende fundamentalmente (mesmo que essa paixão seja "negativa" no sentido psicanalítico). Embora a dependência da criança não seja uma subordinação *política* de forma nenhuma, a formação da paixão primária na dependência torna a criança vulnerável à subordinação e à exploração, um assunto que tem preocupado o discurso político recente.

Além disso, essa situação de dependência primária condiciona a formação política e a regulação dos sujeitos e se torna o meio de sua sujeição. Se o sujeito jamais se forma sem o apego apaixonado a quem o subordina, significa que a subordinação é fundamental para o vir a ser do sujeito.[2] Como condição do vir a ser do sujeito, a subordinação implica uma submissão obrigatória. Além disso, o desejo de sobrevivência, o desejo de "ser", é um desejo amplamente explorável. Aquele que mantém a promessa de existência contínua explora o desejo de sobrevivência. "Eu prefiro existir na subordinação do que não existir" é uma das fórmulas dessa situação (em que o risco de "morte" também é possível). E esse é um dos motivos que explicam a tendência das discussões sobre a realidade do abuso sexual de crianças a distorcer o caráter da exploração. Não se trata apenas da imposição unilateral de uma sexualidade por parte do adulto, ou da fantasia unilateral de uma sexualidade por parte da criança, mas sim da exploração do amor da criança, um amor necessário para sua existência, e do abuso de um vínculo apaixonado.

Consideremos que o sujeito não seja apenas formado na subordinação, mas também que a subordinação forneça a condição de possibilidade contínua do sujeito. O amor de uma criança é anterior ao julgamento e à decisão; quando a criança é cuidada e nutrida de uma forma "boa o suficiente", o amor acontece primeiro; só depois é que ela terá a chance de discernir entre os que ela ama. Em outras palavras, não é que a criança ame cegamente (pois, desde muito cedo, já existe algum tipo importante de discernimento e "conhecimento"), mas sim que, para a criança persistir, no sentido psíquico e social, é preciso haver a dependência e a formação do apego: não existe a possibilidade de não amar quando o amor está vinculado aos requisitos da vida. A criança não sabe ao que

---

[2] Devo minha discussão sobre "apego" ao ensaio "Wounded Attachments", de Wendy Brown, em *States of Injury: Freedom and Power in Late Modernity*. Princeton: Princeton University Press, 1995.

se apega; contudo, tanto o infante quanto a criança precisam se apegar para persistir por si e como si mesmos.³ O sujeito não surge sem essa ligação, que se forma na dependência, mas também nunca lhe é possível, no decorrer de sua formação, "enxergar" totalmente esse elo. Para que o sujeito surja, esse apego, em suas formas primárias, deve tanto *vir a ser* quanto *ser negado*, seu devir deve consistir em sua negação parcial. Isso explica em parte o sentimento de humilhação do adulto ao se ver diante dos primeiros objetos do amor – pais, guardiões, irmãos, etc. –, o sentimento de indignação tardia em que se afirma: "Eu possivelmente não amaria uma pessoa assim". A declaração admite a possibilidade que ela mesma nega, estabelecendo que o "eu" se baseia nessa forclusão e se alicerça nessa impossibilidade firmemente imaginada que o fundamenta. O "eu",⁴ desse modo, é fundamentalmente ameaçado pelo espectro do reaparecimento desse amor (impossível) e permanece condenado a reencenar inconscientemente esse amor, revivendo e deslocando repetidas vezes esse escândalo, essa impossibilidade, orquestrando essa ameaça ao seu próprio senso de "eu". "'Eu' não poderia ser quem sou se tivesse de amar do jeito que aparentemente amei, e para continuar sendo eu mesma, devo seguir negando esse amor ao mesmo tempo que o reenceno inconscientemente na vida de agora, tendo como consequência o sofrimento mais terrível." A repetição

---

³ Em "Introdução ao narcisismo", Freud distingue duas formas do amor, a narcisista e a anaclítica, argumentando que a primeira fortalece ou infla o Eu, e a segunda leva à sua diminuição ou ao seu empobrecimento. [A edição inglesa das obras de Freud lança mão do termo grego *anáklitos* para traduzir o substantivo alemão *Anlehnungstypus*. A Edição Standard Brasileira segue a mesma linha e usa "anaclítico", enquanto a tradução de Paulo César de Souza parte do sentido alemão do verbo *sich lehnen* [apoiar-se] e diferencia os tipos de amor em "tipo de apoio" e "tipo narcísico".]

⁴ Para fins de esclarecimento terminológico e linearidade com o texto de Butler, traduzimos *self* por "si-mesmo", I (substantivado) por "eu" e *ego* por "Eu". (N.T.)

traumática do que foi forcluído da vida de agora ameaça o "eu". É através dessa repetição neurótica que o sujeito busca sua própria dissolução, seu próprio deslindamento, uma busca que assinala uma ação – não a ação *do sujeito*, mas sim do desejo que visa à dissolução desse sujeito. Este, por sua vez, representa uma barreira para o desejo.[5]

Se o sujeito é produzido por meio dessa forclusão, ele é produzido por uma condição da qual, por definição, ele se separa e se diferencia. O desejo visa ao deslindamento do sujeito, mas é tolhido justamente pelo sujeito em cujo nome ele opera. A vexação do desejo, que prova ser crucial para a sujeição, indica que, para persistir, o sujeito deve tolher seu próprio desejo. E para que o desejo triunfe, o sujeito deve ser ameaçado de dissolução. Nesse modelo, o sujeito voltado contra si mesmo (seu desejo) parece ser a condição de sua persistência.

Desejar as condições da própria subordinação é, portanto, necessário para persistir como si mesmo. O que significa assumir a forma de poder – regulação, proibição, supressão – que ameaça nos dissolver precisamente na nossa tentativa de persistir na própria existência? Não é que exigimos o reconhecimento do outro, e que uma forma de reconhecimento nos é conferida através da subordinação, mas sim que dependemos do poder para nossa própria formação, que essa formação é impossível sem a dependência e que a postura do sujeito adulto consiste precisamente na negação e na reencenação dessa dependência. O "eu" surge com a condição de negar sua formação na dependência, de negar as condições de sua própria possibilidade. O "eu", no entanto, é ameaçado de disrupção

---

[5] Sobre a ideia de que a repetição, no sentido de pulsão de morte, marca o limite do domínio do Eu, ver LACAN, Jacques. *O seminário, livro 11: Os quatro conceitos fundamentais da psicanálise*. Tradução de M. D. Magno. Rio de Janeiro: Zahar, 2008, p. 23-75. Freud constrói o argumento em "Além do princípio do prazer", em *História de uma neurose infantil ("O homem dos lobos"), Além do princípio do prazer e outros textos (1917-1920)*. Tradução de Paulo César de Souza. São Paulo: Companhia das Letras, 2010. (Obras Completas, v. 14).

precisamente por essa negação, pela busca inconsciente de sua própria dissolução através de repetições neuróticas que remontam os cenários primários que ele se recusa a ver, mas que também não pode ver caso queira continuar sendo ele mesmo. Isso significa, é claro, que, tendo como base o que se recusa a saber, o "eu" está separado de si e jamais pode se tornar ou permanecer totalmente si mesmo.

Ambivalência

A ideia de sujeito tem motivado controvérsias em discussões teóricas recentes, nas quais é promovida por alguns como precondição necessária da ação e criticada por outros como sinal de "controle" a ser recusado. Meu objetivo não é listar nem resolver as instâncias contemporâneas desse debate. Em vez disso, proponho ter em conta de que modo um paradoxo estrutura a discussão de forma recorrente, levando-a quase sempre a culminar em demonstrações de ambivalência. Como é possível que o sujeito, tido como condição e instrumento da ação, seja ao mesmo tempo o efeito da subordinação, entendido como privação da ação? Se a subordinação é a condição de possibilidade da ação, como podemos pensar a ação contraposta às forças da subordinação?

"O sujeito" costuma ser interpretado por aí como se fosse intercambiável com "a pessoa" ou "o indivíduo". A genealogia do sujeito como categoria crítica, no entanto, sugere que o sujeito, em vez de ser identificado estritamente com o indivíduo, deveria ser descrito como categoria linguística, um lugar-tenente, uma estrutura em formação. Os indivíduos passam a ocupar o lugar do sujeito (o sujeito surge simultaneamente como um "lugar") e desfrutam de inteligibilidade somente se, por assim dizer, estabelecerem-se primeiro na linguagem. O sujeito é a ocasião linguística para o indivíduo atingir e reproduzir a inteligibilidade, a condição linguística de sua existência e ação. Nenhum indivíduo se torna sujeito sem antes se tornar subjetivado ou passar por "subjetivação" (tradução do *assujettissement* francês). Não faz sentido tratar "o indivíduo" como termo inteligível quando se diz que os indivíduos adquirem sua inteligibilidade se tornando sujeitos. Paradoxalmente, não pode haver nenhuma referência inteligível aos indivíduos ou ao seu devir sem uma referência prévia à sua condição de sujeitos. A história pela qual se explica a sujeição é inevitavelmente circular e pressupõe o mesmo sujeito que ela busca explicar. Por um lado, o sujeito só pode se referir à sua própria gênese assumindo uma perspectiva de terceira pessoa sobre si mesmo, isto é, despossuindo sua própria perspectiva no ato de narrar sua gênese. Por outro lado, a narração de como o sujeito é constituído pressupõe que a constituição já tenha acontecido, e por isso ocorre depois do fato. O sujeito se perde para contar a história de si mesmo, mas ao contar a história de si mesmo procura relatar o que a função narrativa já deixou claro. Desse modo, o que significa dizer que o sujeito, defendido por alguns como pressuposição da ação, também é entendido como *efeito* da sujeição? Tal formulação sugere que, no ato de se opor à subordinação, o sujeito reitera sua sujeição (ideia compartilhada tanto pela psicanálise quanto pelos relatos foucaultianos). De que modo, então, devemos pensar a sujeição e como ela pode se tornar um lugar de alteração? Como poder *exercido sobre* o sujeito, a sujeição, não obstante, é um poder *assumido pelo* sujeito, uma suposição que constitui o instrumento do vir a ser desse sujeito.

Sujeição/subordinação

O duplo aspecto da sujeição parece levar a um círculo vicioso: a ação do sujeito parece ser efeito de sua subordinação. Qualquer esforço para se opor a essa subordinação necessariamente a pressupõe e a reinvoca. Felizmente, a história sobrevive a esse impasse. O que significa para a ação de um sujeito *pressupor* sua própria subordinação? O ato de *pressupor* é igual ao ato de *restabelecer*, ou existe uma descontinuidade entre o poder pressuposto e o poder restabelecido? Considere que no ato pelo qual o sujeito reproduz as condições de sua própria subordinação, o sujeito exemplifica uma vulnerabilidade temporária que pertence a essas condições, especificamente às exigências de sua renovação. O poder considerado como condição do sujeito não é necessariamente o mesmo poder que se diz ser exercido pelo sujeito. O poder que inicia o sujeito perde a continuidade com o poder que é a ação do sujeito. Uma inversão significativa e potencialmente facilitadora ocorre quando o status do poder passa de condição da ação para a "própria" ação do sujeito (constituindo uma aparência do poder em que o sujeito aparece como condição de seu "próprio" poder). Como podemos avaliar essa transformação? Trata-se de uma ruptura facilitadora ou ruim? Como é possível que o poder do qual o sujeito depende para existir e que o sujeito é obrigado a reiterar se volte contra si mesmo no decorrer dessa reiteração? Como podemos pensar a resistência nos termos da reiteração?

Tal perspectiva sugere que a ação não pode ser derivada logicamente de suas condições, que não se deve assumir nenhuma continuidade entre (a) o que torna o poder possível e (b) os tipos de possibilidade que o poder assume. Se, ao agir, o sujeito retém as condições de seu surgimento, isso não significa que toda sua ação continue presa a essas condições nem que elas sejam as mesmas em todas as ações. Assumir o poder não consiste na fácil tarefa de retirá-lo de um lugar, transferi-lo intacto e imediatamente se apropriar dele; o ato de apropriação pode envolver uma alteração do poder, de modo que o poder assumido ou apropriado atue contra o poder que lhe possibilitou ser assumido. Na medida em que as condições de subordinação tornam possível a assunção do poder, o poder assumido permanece ligado a essas condições, mas de forma ambivalente; com efeito, o poder assumido deve conservar essa subordinação e ao mesmo tempo se opor a ela. Não devemos pensar essa conclusão como (a) uma resistência que na verdade é uma recuperação do poder, ou (b) uma recuperação que na verdade é uma resistência. Ela é as duas coisas ao mesmo tempo, e essa ambivalência forma o vínculo da ação.

De acordo com o raciocínio de que a sujeição é tanto a subordinação quanto o devir do sujeito, o poder é, como subordinação, um conjunto de condições que precedem o sujeito, que o efetuam e o subordinam desde o princípio. Essa formulação vacila, no entanto, quando consideramos que não há sujeito anterior a essa efetivação. O poder não só *age sobre o* sujeito como também, em sentido transitivo, *põe em ato* o sujeito, conferindo-lhe existência.[6] Como condição, o poder precede o sujeito. No entanto, o poder perde sua aparência de prioridade quando é exercido pelo sujeito, uma situação que dá origem à perspectiva inversa de que o poder é efeito do sujeito, de que é algo que os sujeitos efetuam. Uma condição não pode possibilitar ou converter em ato sem que esteja presente. Como o poder não existe intacto antes do sujeito, a aparência de sua prioridade desaparece conforme ele age sobre o sujeito e o sujeito é inaugurado (e derivado) mediante essa inversão temporal no horizonte do poder. Como ação do sujeito, o poder assume sua atual dimensão temporal.[7]

O poder age sobre o sujeito pelo menos de duas maneiras: primeiro, como o que torna o sujeito possível, como condição de sua possibilidade e ocasião formativa; segundo, como o que é retomado e reiterado no "próprio" agir do sujeito. Como sujeito ao poder (que pertence a ele) e sujeito de poder (que o exerce), o sujeito ofusca as condições de seu

---

[6] A autora faz um paralelo entre *act*, traduzido pelo verbo "agir" e pelo substantivo "ato", e *enact*, que diz do ato de representar ou encenar, de "transformar em lei" (uma vez que *act* também carrega o sentido de "decreto" ou "lei"), e ainda de "pôr em prática" como sinônimo de "pôr em ação". A tradução de *enact* por "pôr em ato", portanto, guarda as mesmas nuances. (N.T.)

[7] Essa discussão dá continuidade a argumentos que defendi em *Bodies That Matter: On the Discursive Limits of "Sex"* (Nova York: Routledge, 1993): "Não há poder que aja, mas apenas uma atuação reiterada que é poder em sua persistência e instabilidade" (p. 9). Com essa afirmação, eu não quis sugerir que o poder atua sem o sujeito, ao contrário: para que o poder possa agir, tem de haver um sujeito. Essa necessidade, no entanto, não coloca o sujeito na origem do poder.

próprio surgimento; ele ofusca o poder com poder. As condições não só possibilitam o sujeito, mas também entram na sua formação. Elas se fazem presentes nos atos dessa formação e nos atos decorrentes do sujeito.

A noção de poder presente na sujeição, portanto, afigura-se em duas modalidades temporais incomensuráveis: primeiro, como algo que é sempre anterior ao sujeito, fora dele mesmo e operante desde o início; segundo, como o efeito desejado do sujeito. Essa segunda modalidade contém pelo menos dois conjuntos de significados: como efeito desejado do sujeito, a sujeição é uma subordinação que o sujeito provoca sobre si mesmo; no entanto, se a submissão produz o sujeito e o sujeito é a precondição da ação, então a sujeição é o motivo de o sujeito se tornar garantidor de sua própria resistência e oposição. Quer o poder seja concebido como anterior ao sujeito ou como seu efeito instrumental, a vacilação entre as duas modalidades temporais do poder ("anterior" e "posterior" ao sujeito) tem marcado a maioria dos debates sobre o sujeito e o problema da ação. Muitas discussões sobre o assunto acabam presas na tentativa de definir se o sujeito é a condição ou o impasse da ação. Na verdade, os dois dilemas levam muitos a considerar a questão do sujeito como uma pedra de tropeço inevitável na teoria social. Parte dessa dificuldade, acredito, é o sujeito ser em si o lugar dessa ambivalência, o lugar em que ele surge tanto como *efeito* de um poder anterior quanto como *condição de possibilidade* de uma forma de ação radicalmente condicionada. Uma teoria do sujeito deve levar em conta a total ambivalência das condições de sua operação.

Não há como fazer, por assim dizer, nenhuma transição conceitual entre o poder como externo ao sujeito, "agindo sobre ele", e o poder como constitutivo do sujeito, "posto em ato por ele". O que podemos esperar à guisa de transição é, na verdade, uma cisão e uma inversão do próprio sujeito. O poder age sobre o sujeito, um atuar que também é pôr em ato: quando se tenta distinguir entre o poder que (transitivamente) põe em ato o sujeito e o poder posto em ato pelo sujeito, ou seja, entre o poder que forma o sujeito e o próprio "poder" do sujeito, surge uma ambiguidade insolúvel. Aqui, o que ou quem está "pondo em ato"? É o poder que antecede o sujeito ou o poder do próprio sujeito? Em algum momento, ocorre uma inversão e um encobrimento, e o poder surge como algo que pertence exclusivamente ao sujeito (o que faz parecer que o sujeito não pertencia a nenhuma operação prévia do poder). Além disso, o que o sujeito põe em ato é viabilizado, mas não terminantemente determinado pelo funcionamento prévio do poder. A ação excede o poder que a possibilita. Pode-se dizer que os propósitos do poder nem sempre são os propósitos da ação. Na medida em que estes diferem daqueles, a ação supõe a assunção de um propósito *não projetado* pelo poder, um propósito que não poderia ser derivado lógica ou historicamente, que opera numa relação de contingência e inversão com respeito ao poder que o torna possível, e ao qual, não obstante, ele pertence. Essa é, por assim dizer, a cena ambivalente da ação, que não está limitada por nenhuma necessidade teleológica.

O poder é externo ao sujeito e simultaneamente seu âmbito de ação. Essa aparente contradição faz sentido quando entendemos que o sujeito não nasce sem poder, mas que seu vir a ser envolve uma dissimulação do poder, uma inversão metaléptica em que o sujeito produzido pelo poder acaba proclamado como sujeito que *funda* o poder. Esse caráter fundador do sujeito é efeito de uma operação do poder, um efeito atingido pela inversão e pelo encobrimento da operação anterior. Isso não significa que o sujeito possa ser *reduzido* ao poder que o ocasiona, tampouco que esse poder seja *redutível ao* sujeito. O poder nunca é apenas uma condição externa ou anterior ao sujeito nem pode ser identificado exclusivamente com o sujeito. Para que as condições do poder persistam, elas devem ser reiteradas; o sujeito é justamente o local de tal reiteração, uma repetição que nunca é meramente mecânica. Na medida em que a aparência do poder passa da condição do sujeito para seus efeitos, as condições do poder (anteriores e externas) assumem uma forma presente e futura. Mas o poder assume esse caráter presente ao inverter sua direção, uma inversão que provoca uma ruptura com o que passou e se dissimula como ação que inaugura a si mesma. A reiteração do poder não só temporaliza as condições de subordinação como também mostra que essas condições não são estruturas estáticas, mas temporalizadas – ativas e produtivas. A temporalização realizada pela reiteração segue a rota pela qual a aparência do poder se desloca e se inverte: a perspectiva do poder muda daquilo que sempre age sobre nós a partir de fora e desde o princípio para o que constitui o senso de ação nos nossos atos presentes e a futura extensão de seus efeitos.

Embora este estudo tenha uma relação de dívida com as ideias de Foucault sobre o problema do *assujettissement* em seus ensaios "O sujeito e o poder" e "Soberania e disciplina", bem como com muitas discussões sobre o sujeito do desejo e o sujeito do direito em *História da sexualidade* (volumes 1 e 2) e *Vigiar e punir*,[8] a formulação do sujeito em questão ressoa com uma dificuldade cultural e política maior, a saber: como assumir uma relação de oposição ao poder que esteja reconhecidamente implicada no próprio poder ao qual nos

---

[8] FOUCAULT, Michel. *Discipline and Punish: The Birth of the Prison*. Nova York: Pantheon, 1977; *Surveiller et punir: naissance de la prison*. Paris: Gallimard, 1975; *The History of Sexuality, Volume 1: An Introduction*. Tradução para o inglês de Robert Hurley. Nova York: Vintage, 1978; *Histoire de la sexualité 1: volonté de savoir*. Paris: Gallimard, 1978; *The Use of Pleasure: Volume 2 of The History of Sexuality*. Nova York: Pantheon, 1985; *L'usage des plaisirs*. Paris: Gallimard, 1984; Two Lectures. In: *Power/Knowledge: Selected Interviews and Other Writings, 1972-77*. Editado por Colin Gordon. Nova York: Pantheon, 1980, p. 78-108. [Edições brasileiras: *Vigiar e punir: nascimento da prisão*. Tradução de Raquel Ramalhete. 20. ed. Petrópolis: Vozes, 1987; *História da sexualidade 1: a vontade de saber*. Tradução de Maria Thereza da Costa Albuquerque e J. A. Guilhon Albuquerque. 13. ed. Rio de Janeiro: Graal, 1999; *História da sexualidade 2: o uso dos prazeres*. Tradução de Maria Thereza da Costa Albuquerque. 13. ed. Rio de Janeiro: Graal, 2009; Soberania e disciplina. In: *Microfísica do poder*. Tradução de Roberto Machado. 13. ed. Rio de Janeiro: Graal, 1998, p. 179-191.]

opomos. Essa visão pós-liberatória tem levado muitos a concluir que a ação encontra aqui seu impasse. Ou se considera que as formas de dominação capitalista ou simbólica são tais que nossos são atos são desde sempre "domesticados" previamente, ou se oferece uma série de *insights* generalizados e atemporais sobre a estrutura aporética de todos os movimentos em direção ao futuro. Eu diria que a cumplicidade primária com a subordinação não leva necessariamente a nenhuma conclusão histórica ou lógica, mas deixa algumas possibilidades em aberto. O fato de a ação estar implicada na subordinação não é sinal de que existe uma contradição interna fatal no núcleo do sujeito e, por conseguinte, uma prova adicional de seu caráter pernicioso ou obsoleto. Mas tampouco retoma aquela ideia antiga de sujeito, derivada de alguma formulação liberal-humanista clássica, em que sua ação é sempre e exclusivamente oposta ao poder. A primeira perspectiva caracteriza formas politicamente hipócritas de fatalismo; a segunda, formas ingênuas de otimismo político. Espero ficar longe das duas alternativas.

No entanto, ainda podemos pensar que o sujeito deriva sua ação precisamente do poder ao qual se opõe, por mais estranha e desagradável que essa ideia pareça, especialmente para quem acredita que a cumplicidade e a ambivalência deveriam ser eliminadas de uma vez por todas. Se o sujeito *não é* totalmente determinado pelo poder, *tampouco é* totalmente determinante do poder (mas é significativa e parcialmente as duas coisas), isso significa que ele ultrapassa a lógica da não contradição – é uma excrescência da lógica, por assim dizer.[9] Afirmar que o sujeito ultrapassa essa dicotomia não é dizer que ele vive em alguma zona livre de sua própria feitura. Exceder não é escapar, e o sujeito excede precisamente aquilo a que está vinculado. Nesse sentido, o sujeito não pode suprimir a ambivalência que o constitui. Dolorosa, dinâmica e promissora, essa vacilação entre o "já existente"

---

[9] Lacan se refere ao sujeito como excrescência.

e o "ainda por vir" é uma encruzilhada que religa cada passo que a atravessa, uma reiterada ambivalência bem no cerne da ação. O poder rearticulado se "re"-articula no sentido de que já está feito e no sentido de que se refaz, faz-se de novo, mais uma vez. O que ainda resta considerar é: (a) como a formação do sujeito envolve a formação reguladora da psique, inclusive como podemos religar o discurso do poder ao discurso da psicanálise; e (b) como fazer com que tal concepção do sujeito funcione como uma noção da ação política em tempos pós-liberatórios.

Regulações da psique

Se o poder funciona não só para dominar ou oprimir os sujeitos existentes, mas também para formar sujeitos, em que consiste essa formação? É evidente que o poder não traz as pessoas ao mundo no sentido comum do termo. Foucault associa o caráter formativo ou produtivo do poder aos regimes reguladores e disciplinares. Em *Vigiar e punir*, o crime produz uma classe de criminosos, cujos corpos se engendram no gesto e no estilo da prisão. Mas como devemos entender esse sentido de produção e engendramento? Devemos entender a dimensão formativa do poder de maneira não mecanicista e não comportamental. O poder nem sempre produz de acordo com um propósito, ou melhor, a sua produção é tal que muitas vezes excede ou altera os propósitos para os quais produz.[10] É notório

---

[10] Nietzsche desenvolve a ideia de cadeia de signos [*Zeichenkette*] em *On the Genealogy of Morals*. Tradução para o inglês de Walter Kaufmann. Nova York: Random House, 1967, p. 77-78; *Zur Genealogie der Moral*. In: *Sämtliche Werke: Kritische Studienausgabe in 15 Einzelbänden*. Organizado por Giorgio Colli e Mazzino Montinari. Berlim: De Gruyter, 1988, v. 5, p. 314-315. [Edição brasileira: *Genealogia da moral: uma polêmica*. Tradução de Paulo César de Souza. São Paulo: Companhia das Letras, 1999, p. 66-67.] Ele observa que a origem de uma palavra ou de um instrumento pode assumir propósitos e produzir efeitos que nunca fizeram parte de sua concepção ou criação originais.

que Foucault diz muito pouco sobre o tema da psique, mas me parece que para descrever a sujeição é preciso acompanhar os meandros da vida psíquica. Mais especificamente, ela precisa ser descrita na volta peculiar do sujeito contra si mesmo que ocorre em atos de autocensura, consciência e melancolia que se dão em conjunto aos processos de regulação social. No entanto, se recusarmos o dualismo ontológico que postula a separação entre o político e o psíquico, parece crucial oferecer um relato crítico da sujeição psíquica em termos de efeitos reguladores e produtivos do poder. Se as formas de poder regulador se sustentam em parte pela formação do sujeito, e se essa formação acontece de acordo com os requisitos do poder, especificamente como incorporação de normas, então uma teoria da formação do sujeito deve descrever esse processo de incorporação, e a noção deve ser investigada para que se determine a topografia psíquica que ela supõe. Como a sujeição do desejo requer e institui o desejo *de* sujeição?

Ao afirmar que as normas sociais são internalizadas, ainda não explicamos o que é a incorporação ou, em sentido amplo, o que é a internalização, o que significa o fato de uma norma ser internalizada ou o que acontece com a norma no processo de internalização. A norma existe primeiro "no exterior" para depois entrar num espaço psíquico previamente dado, entendido como um tipo de teatro interior? Ou a internalização da norma contribui para a produção da internalidade? Tendo se tornado psíquica, a norma envolve apenas sua interiorização ou também a interiorização da psique?[11] Defendo que que esse processo de internalização *cria a distinção entre vida interior e exterior*, oferecendo-nos uma distinção entre o psíquico e o social que difere significativamente do relato da internalização psíquica das normas. Além disso, dado que as normas não são

---

[11] Faço uma distinção entre interno e interior, de acordo com as convenções dentro da fenomenologia: "interno" designa uma relação contingente; "interior", uma relação constitutiva. Essa terminologia também ressalta o registro fenomenológico desta última.

internalizadas de maneiras mecânicas ou totalmente previsíveis, será que a norma assume outro caráter enquanto fenômeno *psíquico*? Em particular, como explicamos o desejo pela norma e, de forma mais geral, o desejo pela sujeição nos termos de um desejo prévio pela existência social, um desejo explorado pelo poder regulador? Quando as categorias sociais garantem uma existência social reconhecível e duradoura, muitas vezes se prefere aceitá-las, ainda que funcionem a serviço da sujeição, a não ter nenhuma existência social. Então como é possível que o anseio pela sujeição, baseado no anseio pela existência social que lembra e explora as dependências primárias, surja como instrumento e efeito do poder da sujeição?

Para ressaltar os abusos do poder como reais, e não como criação ou fantasia do sujeito, o poder é muitas vezes projetado como inequivocamente externo ao sujeito, como algo imposto contra sua vontade. Mas se a própria produção do sujeito e a formação dessa vontade são as consequências de uma subordinação primária, é inevitável que o sujeito seja vulnerável a um poder que não criou. Essa vulnerabilidade qualifica o sujeito como um tipo de ser explorável. Se tivermos de nos opor aos abusos do poder (o que não é o mesmo que se opor ao poder em si), parece prudente considerarmos no que consiste sermos vulneráveis a esse abuso. O fato de os sujeitos serem constituídos em vulnerabilidade primária não justifica os abusos que sofrem; pelo contrário, isso só deixa ainda mais claro o quanto a vulnerabilidade pode ser fundamental.

Como é possível que o sujeito seja um tipo de ser ao qual se pode explorar, um ser que, em virtude de sua própria formação, é vulnerável à subjugação? Fadado a buscar o reconhecimento de sua própria existência em categorias, termos e nomes que não criou, o sujeito busca o sinal de sua própria existência fora de si, num discurso que é ao mesmo tempo dominante e indiferente. As categorias sociais significam, ao mesmo tempo, subordinação e existência. Em outras palavras, o preço de existir dentro da sujeição é a subordinação. Precisamente no momento em que a escolha é impossível, o sujeito busca a subordinação como a promessa da existência. Essa busca não é escolha, mas tampouco é necessidade. A sujeição explora o desejo de existência, sendo a existência sempre outorgada de outro lugar; para existir, ela assinala uma vulnerabilidade primária para com o Outro.

Assumir termos de poder que nunca criamos mas aos quais somos vulneráveis e dos quais dependemos para existir parece apontar para uma submissão mundana na base da formação do sujeito. No entanto, "assumir" o poder não é um processo simples, pois o poder não se reproduz mecanicamente quando é assumido. Em vez disso, ao ser assumido, o poder corre o risco de tomar outra forma e direção. Se as condições de poder não produzem sujeitos de modo unilateral, que forma ele assume quando é assumido? Para deixar claro como o poder social produz modos de reflexividade ao mesmo tempo que limita as formas de socialidade, é preciso redefinir o campo da sujeição psíquica. Em outras palavras, na medida em que as normas operam como fenômenos psíquicos, restringindo e produzindo o desejo, elas também regem a formação do sujeito e circunscrevem o campo de uma socialidade habitável. A operação psíquica da norma oferece uma via mais insidiosa para o poder regulatório do que a coerção explícita, cujo sucesso permite sua operação tácita dentro da esfera social. Por ser psíquica, no entanto, a norma não apenas reintegra o poder social – ela se torna formativa e vulnerável de maneiras altamente específicas. As categorizações sociais que estabelecem a vulnerabilidade do sujeito à linguagem são elas mesmas vulneráveis a mudanças tanto psíquicas quanto históricas. Essa perspectiva refuta a compreensão de uma normatividade psíquica ou linguística (como se dá em algumas versões do Simbólico) que seja anterior ao social ou que o restrinja. Assim como o sujeito é derivado das condições de poder que o precedem, a operação psíquica da norma é derivada de operações sociais anteriores, embora não de maneira mecânica ou previsível.

A sujeição psíquica caracteriza uma modalidade específica de sujeição. Não apenas reflete ou representa relações mais amplas de poder social – mesmo que mantenha com elas uma ligação importante. Freud e Nietzsche oferecem diferentes descrições da formação do sujeito, ambas apoiadas na produtividade da norma. Os dois explicam a fabricação da consciência como efeito de uma proibição internalizada (assim estabelecendo a "proibição" não só como privativa, mas também como produtiva). Em Freud e Nietzsche, percebemos que a proibição da ação ou da expressão leva "a pulsão"[12] a se voltar sobre si mesma, criando uma esfera interna, que é a condição da avaliação-de-si e da reflexividade. A pulsão que se volta sobre si mesma torna-se a condição precipitante da formação do sujeito, um anseio em recuo que também é descrito na visão hegeliana da consciência infeliz. Se essa dobra sobre si é realizada por anseios, desejos ou pulsões primárias, ela produz em cada caso um hábito psíquico de autocensura, que se consolida ao longo do tempo como consciência.

A consciência é o meio pelo qual o sujeito se torna objeto para si mesmo, refletindo sobre si mesmo, estabelecendo a si mesmo como refletivo e reflexivo. O "eu" não é simplesmente aquele que pensa sobre si; ele se define por essa capacidade de autorrelação reflexiva ou reflexividade. Para Nietzsche, a reflexividade é uma consequência da consciência; o saber de si resulta da punição de si. (Assim, nunca se "sabe" de si antes do recuo do desejo em questão.) Para conter o desejo, o sujeito faz de si um objeto de reflexão; durante a produção da própria alteridade, o sujeito se estabelece como ser reflexivo, que pode tomar a si mesmo como objeto. A reflexividade se torna o meio pelo qual o desejo se transmuda para o circuito da autorreflexão. No entanto, a dobra do desejo que culmina na reflexividade produz uma nova ordem de desejo: o desejo pelo próprio circuito, pela reflexividade e, por fim, pela sujeição.

Qual é o meio pelo qual se entende o desejo como cerceado, duplicado ou até mesmo proibido? A reflexão sobre

---

[12] Ambos os autores usam a palavra *Trieb* para "pulsão". Além disso, ambos representam essa pulsão como o que pode se voltar e se volta sobre si mesmo.

o desejo absorve o desejo na reflexão: veremos como isso funciona em Hegel. Mas existe uma outra ordem de proibição que não incorre no circuito da autorreflexão. Freud distingue repressão de forclusão, sugerindo que o desejo reprimido pode já ter existido separado de proibição, mas que o desejo forcluído é rigorosamente barrado, constituindo o sujeito mediante certo tipo de perda preventiva. Eu sugeri em outros textos que a forclusão da homossexualidade parece ser fundamental para determinada versão heterossexual do sujeito.[13] A fórmula "eu nunca amei" alguém do mesmo gênero e "eu jamais perdi" uma pessoa assim firma o "eu" no lugar do "nunca-jamais" desse amor e dessa perda. De fato, a realização ontológica do "ser" heterossexual tem sua origem atribuída a essa dupla negação, que forma sua melancolia constitutiva, uma perda enfática e irreversível que forma a base tênue desse "ser".

É importante destacar que Freud identifica a consciência aguda e a autocensura como signo da melancolia, a condição do luto incompleto. A forclusão de certas formas de amor sugere que a melancolia que fundamenta o sujeito (e, portanto, sempre ameaça desestabilizar e abalar essa base) indica um luto incompleto e insolúvel. Não reconhecida e incompleta, a melancolia é o limite para o senso de *pouvoir* do sujeito, o senso do que pode realizar e, nesse sentido, seu poder. A melancolia abre uma fenda no sujeito, marcando um limite para o que ele pode acomodar. Como o sujeito não reflete e não pode *refletir* sobre essa perda, ela marca o limite da reflexividade, daquilo que excede (e condiciona) seus circuitos. Entendida como forclusão, essa perda inaugura o sujeito e o ameaça de dissolução.

Considerado sob linhas nietzschianas e hegelianas, o sujeito tolhe a si mesmo, realiza sua própria sujeição, deseja e forja seus próprios grilhões, e assim se volta contra um desejo que ele sabe – ou sabia – ser seu. Para dizer que uma perda antecede o sujeito, que o torna possível (e impossível), precisamos pensar no papel que ela desempenha na formação do

---

[13] Para uma análise mais detalhada dessa ideia, ver o capítulo 5.

sujeito. Existe uma perda que não pode ser pensada, possuída ou pranteada, e que constitui a condição de possibilidade do sujeito? É isso que Hegel chamou de "perda da perda", uma forclusão que constitui uma incognoscibilidade sem a qual o sujeito sucumbe, uma ignorância e uma melancolia que permitem ao sujeito considerar como próprias todas as pretensões de conhecimento? Não há um anseio de prantear – e, de modo equivalente, uma incapacidade de prantear – aquilo que o sujeito nunca foi capaz de amar, um amor que não atende às "condições da existência"? Essa é uma perda não só do objeto ou de algum conjunto de objetos, mas da própria possibilidade do amor: a perda da capacidade de amar, o luto infindável pelo que funda o sujeito. Por um lado, a melancolia é um apego que substitui um apego rompido, acabado ou impossível; por outro, ela dá continuidade à tradição da impossibilidade, por assim dizer, que pertence ao apego que ela substitui.

Existem, é claro, várias maneiras de se recusar a amar, e nem todas são forclusões. Mas o que acontece quando determinada forclusão do amor se torna a condição de possibilidade da existência social? Isso não produz uma sociabilidade afligida pela melancolia, uma sociabilidade em que não se pode viver o luto da perda porque é impossível reconhecê-la como perda, pois o que está perdido nunca teve direito à existência?

Aqui podemos perfeitamente fazer uma distinção entre (a) um apego que posteriormente é renegado e (b) uma forclusão que estrutura as formas assumidas por quaisquer apegos. No último caso, podemos proveitosamente reassociar a forclusão com a ideia foucaultiana de ideal regulador, segundo o qual algumas formas de amor se tornam possíveis, e outras, impossíveis. No campo da psicanálise, pensamos na sanção social como codificada no ideal do Eu e patrulhada pelo Supereu. Mas o que significaria pensar que a sanção social, por meio da forclusão, trabalha para produzir um campo possível em que o amor e a perda possam operar? Como uma forclusão, a sanção funciona não para proibir o desejo existente, mas para produzir certos tipos de objeto e para impedir outros do campo da produção social. Dessa forma, a sanção não funciona de acordo com a hipótese repressiva, postulada e criticada por Foucault, mas como um mecanismo de produção que pode operar, no entanto, com base numa violência ordinária.[14]

Na obra de Melanie Klein, a culpa parece surgir não como consequência de internalizarmos uma proibição externa, mas como modo de preservar o objeto de amor da nossa própria violência potencialmente obliterante. A culpa cumpre a função de preservar o objeto do amor e, portanto, de preservar o próprio amor. Desse modo, o que significa entender a culpa como um modo de o amor preservar o objeto que, de outra forma, poderia destruir? Como medida provisória contra uma destruição sádica, a culpa sinaliza menos a presença psíquica de uma norma originalmente social e externa do que o desejo compensador de continuar o objeto que se deseja morto. É nesse sentido que a culpa surge no decorrer da melancolia não só para manter vivo o objeto morto, como Freud teria dito, mas para manter o objeto vivo longe da "morte", que aqui significa a morte do amor, incluindo as ocasiões de separação e perda.

A perspectiva kleiniana não sugere, desse modo, que é possível explicar totalmente a função do amor dentro de uma economia psíquica que não tenha nenhum resíduo social significativo? Ou devemos situar o significado social da culpa num registro que não seja o da proibição – o desejo de reparação? Para preservar o objeto contra a agressão, uma agressão que sempre acompanha o amor (como conflito), a culpa entra na cena psíquica como uma necessidade. Se o objeto desaparece, também desaparece uma fonte de amor. Em certo sentido, a culpa funciona para tolher a expressão agressiva do amor que poderia destruir o objeto amado, um objeto entendido como fonte de amor; em sentido contrário, no entanto, a culpa

---

[14] Para uma discussão sobre a falta de violência originária nas noções foucaultianas de produtividade discursiva, ver o provocativo ensaio de SPIVAK, Gayatri Chakravorty. More on Power/Knowledge. In: *Outside in the Teaching Machine*. Nova York: Routledge, 1993, p. 33.

funciona para preservar o objeto como objeto de amor (sua idealização) e, por conseguinte, para preservar (via idealização) a possibilidade de amar e ser amado. A agressão – ou o ódio – não é meramente atenuada, mas redirecionada contra o sujeito que ama, funcionando como as autocensuras do Supereu.[15] Como o amor e a agressão andam juntos, a atenuação da agressão pela culpa também é a atenuação do amor. Desse modo, a culpa funciona tanto para forcluir quanto para continuar o amor – ou melhor, para continuar amor (de modo menos apaixonado, para ser exata) como efeito de uma forclusão.

Ο esquema de Klein suscita uma série de questões quanto à relação entre amor e agressão. Por qual motivo desejaríamos a morte do objeto do amor? Trata-se de um sadismo primário explicável por uma pulsão de morte primária, ou existem outras maneiras de explicar o desejo de aniquilar aquilo que amamos? Consoante Freud, Klein situa tal desejo de aniquilação dentro da problemática da melancolia, argumentando que o desejo de aniquilar caracteriza a relação com um objeto já perdido: já perdido e, portanto, elegível para um certo tipo de aniquilação.

Klein associa o sentimento de culpa para com o objeto com o desejo de triunfar sobre o objeto, um senso de triunfo que, se levado longe demais, ameaça destruir o objeto como fonte de amor. No entanto, pode-se considerar que certas formas de amor implicam a perda do objeto, não só devido a um desejo inato de triunfar, mas também porque tais objetos não são considerados objetos de amor: como objetos de amor, eles assumem uma marca de destruição. Na verdade, eles também podem ameaçar a destruição do próprio sujeito: "Eu serei destruído se amar dessa maneira". Marcado para "morrer", o objeto já está perdido, por assim dizer, e o desejo de aniquilar o objeto é precisamente o desejo de aniquilar o objeto que, se amado, causaria a destruição daquele que ama.

---

[15] As reflexões de Freud no ensaio "Luto e melancolia" são importantes para as observações de Melanie Klein a respeito da incorporação.

Podemos interpretar o funcionamento do poder social justamente na delimitação do campo desses objetos marcados para a morte? E será essa parte da irrealidade, a agressão melancólica e o desejo de aniquilar, o que caracteriza a reação pública à morte de muitos daqueles considerados "socialmente mortos", os que morrem de aids? Gays, prostitutas, usuários de drogas, entre outros? Se estão morrendo ou já morreram, que os aniquilemos mais uma vez. É possível conquistar o senso de "triunfo" precisamente através de uma prática de diferenciação social, na qual se consiga atingir e manter a "existência social" somente pela produção e manutenção dos socialmente mortos? Será que também poderíamos interpretar a paranoia que estrutura o discurso público sobre tais questões como a inversão dessa agressão: o desejo de aniquilar o outro morto que, por meio de uma inversão, acaba por marcá-lo como a ameaça de morte, projetando-o como o (improvável) perseguidor dos socialmente normais e normalizados?

O que então se deseja na sujeição? Seria o simples amor pelos grilhões, ou existe um cenário mais complexo em ação? Como manter a sobrevivência se os termos de garantia da existência são justamente aqueles que exigem e instituem a subordinação? Nessa perspectiva, a sujeição é o efeito paradoxal de um regime de poder em que as próprias "condições de existência", a possibilidade de continuar como ser social reconhecível, requerem a formação e a manutenção do sujeito na subordinação. Se aceitarmos a noção de Espinosa de que o desejo é sempre o desejo de persistir no nosso próprio ser,[16] e reformularmos a substância *metafísica*, que constitui o ideal para o desejo, como uma noção mais maleável do ser

---

[16] Espinosa argumenta que "cada coisa esforça-se, tanto quanto está em si, por perseverar em seu ser" (p. 173), mesmo que ele afirme que "uma coisa que é determinada a operar de alguma maneira foi necessariamente determinada por Deus" (p. 49). Desse modo, a autonomia é sempre condicionada e, até certo ponto, subvertida pelas condições de sua própria possibilidade (SPINOZA, Benedictus de. *Ética*. Tradução de Tomaz Tadeu. 3. ed. Belo Horizonte: Autêntica, 2013. Edição bilíngue.)

social, talvez estaremos preparados para descrever o desejo de persistir em nosso ser como algo que só pode ser negociado nos termos arriscados da vida social. O risco de morte, portanto, coexiste com a insuperabilidade do social. Se os termos com os quais formulamos, sustentamos e abandonamos a "existência" são o vocabulário ativo e produtivo do poder, persistir no nosso ser significa nos entregar desde o início a termos sociais que nunca são inteiramente nossos. O desejo de persistir no próprio ser exige a submissão a um mundo de outros que fundamentalmente não é nosso (uma submissão que não ocorre posteriormente, mas que enquadra e possibilita o desejo de ser). Somente ao persistir na alteridade é que se persiste em seu "próprio" ser. Vulnerável a termos que jamais criou, o sujeito sempre persiste, até certo ponto, por meio de categorias, nomes, termos e classificações que assinalam uma alienação primária e inauguradora na sociabilidade. Se esses termos instituem uma subordinação primária ou, aliás, uma violência primária, isso quer dizer que o sujeito surge contra si mesmo para, paradoxalmente, ser para si.

    O que implicaria o sujeito desejar algo além da "existência social" contínua? Se esta não pode ser desfeita sem que se incorra em algum tipo de morte, ainda assim poderíamos arriscar a existência, cortejar ou buscar sua morte, a fim de expor o domínio do poder social sobre as condições de persistência da vida para que haja uma possível transformação? O sujeito está obrigado a repetir as normas que o produzem, mas essa repetição estabelece um campo de risco, pois se fracassamos ao restabelecer a norma "do jeito certo", sujeitamo-nos a uma sanção posterior, sentimos ameaçadas as condições prevalecentes da existência. Todavia, sem a repetição que põe em risco a vida – em sua organização atual –, como começar a imaginar a contingência dessa organização e reconfigurar performativamente os contornos das condições de vida?

    Uma análise crítica da sujeição implica: (1) a descrição da forma como o poder regulador mantém os sujeitos em subordinação ao produzir e explorar a exigência de continuidade, visibilidade e lugar; (2) o reconhecimento de que o sujeito produzido como contínuo, visível e localizado é, no entanto, assombrado por um resto inassimilável, uma melancolia que assinala os limites da subjetivação; (3) uma descrição da iterabilidade do sujeito que mostre como a ação pode consistir em enfrentar e transformar os termos sociais que o geraram.

Embora essa formulação dificilmente possa basear uma perspectiva otimista do sujeito ou de uma política centrada no sujeito, ela pode representar uma provocação e um alerta contra duas formas de desejo teórico: a que considera o momento supremo da política aquele em que se assume e declara uma "posição do sujeito"; e a outra em que a rejeição do sujeito como um tropo filosófico subestima os requisitos linguísticos de qualquer entrada na sociedade. Por mais que a perspectiva sobre o sujeito exija abandonar a primeira pessoa, suspender o "eu" em prol de uma análise da formação do sujeito, a questão da ação exige que a perspectiva de primeira pessoa seja retomada. A análise da sujeição é sempre dupla, pois descreve as condições de formação do sujeito e o voltar-se contra elas para que o sujeito – e sua perspectiva – possa surgir.

Uma avaliação crítica da formação do sujeito pode muito bem oferecer uma melhor compreensão dos duplos vínculos aos quais nossos esforços emancipatórios nos levam de vez em quando, mas sem abandonar o político. Existe uma maneira de afirmar a cumplicidade como base da ação política, e ainda insistir que ação política pode fazer mais do que reiterar as condições da subordinação? Se, como indica Althusser, tornar-se sujeito requer uma espécie de domínio indistinguível da submissão, haverá alguma consequência política e psíquica a ser extraída dessa ambivalência tão fundadora? O paradoxo temporal do sujeito é de tal natureza que para explicar nosso próprio devir devemos necessariamente perder a perspectiva de sujeito já formado. Esse "devir" não é algo simples ou contínuo, mas uma prática incômoda de repetição e cheia de riscos, obrigatória, mas incompleta, que tremula no horizonte do ser social.

Apego obstinado, sujeição corporal[1]
Relendo Hegel sobre a consciência infeliz

> [...] *uma liberdade que ainda permanece no interior da escravidão.*
>
> Hegel, *Fenomenologia do Espírito*

Na *Fenomenologia do Espírito*, a passagem da seção "Dominação e escravidão" para "Liberdade da consciência-de-si: estoicismo, ceticismo e a consciência infeliz"[2] é um dos movimentos filosóficos de Hegel menos interrogados. Talvez porque o capítulo sobre dominação e escravidão tenha assegurado uma narrativa liberacionista para várias visões políticas

---

[1] Este capítulo foi publicado originalmente em CLARKE, David; RAJAN, Tilottama (Org.). *Intersections: Nineteenth-Century Philosophy and Contemporary Theory*. Buffalo: SUNY Press, 1995. Gostaria de agradecer a William Connolly e Peter Fenves pelos comentários feitos a versões anteriores deste ensaio.

[2] No presente texto, refiro-me a esse capítulo como "A consciência infeliz". Usei como referência a edição inglesa *The Phenomenology of Spirit*. Tradução para o inglês de A. V. Miller. Oxford: Oxford University Press, 1977. As citações em alemão são de HEGEL, Georg W. F. *Werke in zwanzig Banden*. Frankfurt: Suhrkamp, 1980, v. 3. [Edição brasileira: *Fenomenologia do Espírito*. Tradução de Paulo Meneses. 8. ed. Petrópolis: Vozes, 2013. p. 127.] Doravante citado no texto como *Fenomenologia*, com a paginação referindo-se à edição brasileira.

progressistas, a maioria dos leitores não atentou para o fato de que a liberdade se dissolve em escravidão de si no final do capítulo. Na medida em que recentes teorias têm posto em questão tanto a suposição de uma história progressiva quanto o status do sujeito, o desenlace distópico de "Dominação e escravidão" parece ter readquirido uma importância oportuna. Foucault sugeria que o propósito da política moderna não é mais libertar o sujeito, mas sim interrogar os mecanismos reguladores pelos quais os "sujeitos" são produzidos e mantidos. Ainda que o vocabulário de Foucault não se confunda com o de Hegel, sua preocupação com as ambíguas implicações da sujeição (*assujettissement*: formação e regulação simultâneas do sujeito) de certa forma está prefigurada no relato hegeliano de como a libertação do escravo resulta em várias formas de autocensura ética. Em *Vigiar e punir*, Foucault limita a eficácia da reforma prisional: "o homem de que nos falam e que nos convidam a liberar já é em si mesmo o efeito de uma sujeição [*assujettissement*] bem mais profunda que ele".[3] Em Hegel, o escravo se livra do "senhor" aparentemente externo somente para se ver inserido no mundo ético, sujeitado a várias normas e ideais. Ou, em termos mais precisos, o sujeito emerge como uma consciência infeliz através da aplicação reflexiva das leis éticas.

As permutações da escravidão de si descritas por Hegel parecem surgir no corpo como o que deve ser negado, mortificado ou subordinado a uma exigência ética. O "terror" que se apossa do escravo quando ele reconhece sua liberdade parece culminar na criação simultânea de normas éticas e na rejeição da condição corporal de sua própria vida. Neste sentido,

---

[3] FOUCAULT, Michel. *Discipline and Punish: The Birth of the Prison*. Nova York: Pantheon, 1977, p. 30; *Surveiller et punir: naissance de la prison*. Paris: Gallimard, 1975, p. 30. [Edição brasileira: *Vigiar e punir: nascimento da prisão*. Tradução de Raquel Ramalhete. 20. ed. Petrópolis: Vozes, 1987, p. 29.] Doravante citado no texto como *Vigiar e punir*, com a paginação referindo-se à edição brasileira.

"A consciência infeliz" estabelece uma relação entre a escravidão de si como sujeição corporal e a formulação de imperativos éticos autoimpostos que prefiguram a crítica de Nietzsche à mesma questão em *Genealogia da moral* e a apropriação dessa crítica por Foucault. No trecho de *Genealogia da moral* que cito a seguir, percebemos uma convergência temporária entre a imagem da escravidão de si em "A consciência infeliz", de Hegel, e o "homem" de consciência moral, em Nietzsche: "Esse instinto de liberdade tornado latente [...] esse instinto de liberdade reprimido, recuado, encarcerado no íntimo, por fim capaz de desafogar-se somente em si mesmo: isto, apenas isto, foi em seus começos a *má-consciência*".[4]

Ao salientar o doloroso entendimento de que a "libertação" das autoridades externas não é suficiente para introduzir o sujeito na liberdade, Foucault recorre a Nietzsche e, em particular, ao movimento de autoencarceramento que estrutura as formas modernas de reflexividade. Devemos entender que os limites da libertação não são apenas autoimpostos; mais fundamental que isso, eles são a condição prévia da própria formação do sujeito. Um certo apego estrutural *à* sujeição torna-se a condição de subjetivação moral. Vejamos como continua o trecho supracitado de *Vigiar e punir* em que Foucault fala da sujeição do prisioneiro: "O homem de que nos falam e que nos convidam a liberar já é em si mesmo o efeito de uma sujeição [*assujettissement*] bem mais profunda que ele. Uma 'alma' o habita e o leva à existência, que é ela mesma uma peça no domínio exercido pelo poder sobre o

---

[4] NIETZSCHE, Friedrich. *On the Genealogy of Morals*. Tradução para o inglês de Walter Kaufmann. Nova York: Random House, 1967, p. 87; *Zur Genealogie der Moral*. In: *Sämtliche Werke: Kritische Studienausgabe in 15 Einzelbänden*. Organizado por Giorgio Colli e Mazzino Montinari. Berlim: De Gruyter, 1988, v. 5, p. 325. [Edição brasileira: *Genealogia da moral: uma polêmica*. Tradução de Paulo César de Souza. São Paulo: Companhia das Letras, 1999, p. 75.] Doravante citado no texto como *Genealogia da moral*, com a paginação referindo-se à edição brasileira.

corpo. A alma, efeito e instrumento de uma anatomia política: a alma, prisão do corpo".[5]

Qual a maneira mais precisa de entender essa "habitação" do corpo pela alma? Retornar a Hegel pode ser útil? Quais são os pontos de convergência e divergência em Hegel, Nietzsche e Foucault quanto à estrutura da sujeição? O relato de Hegel em "A consciência infeliz" prefigura um discurso crítico sobre posições éticas que não só pretendem instituir a negação ou o sacrifício da vida corporal, como também, ao fazerem-no, acabam incorrendo em paradoxos esclarecedores. Hegel mostra que se a supressão do corpo requer um movimento instrumental do corpo e pelo corpo, então o corpo é inadvertidamente *preservado* no e pelo instrumento de sua supressão. Essa formulação prefigura a possibilidade de uma convergência entre as perspectivas nietzschiana, foucaultiana e, como veremos, freudiana, sobre o autorrebaixamento, algo que o texto de Hegel, na transição para o Espírito, forclui. A leitura que proponho segue o caminho que Hegel abriu e bloqueou logo depois. Meu objetivo nesta investigação é descobrir se, antes de afluir no Espírito, o capítulo de Hegel traz em si uma ligação oculta com a definição nietzschiana e a freudiana da consciência.

Na primeira parte deste ensaio, ofereço uma interpretação que explica como o paradoxo da sujeição corporal é formulado na transição de "Dominação e escravidão" para "A consciência infeliz" na *Fenomenologia do Espírito*. Na segunda, considero as reafirmações dessa formulação paradoxal em termos psicanalíticos e foucaultianos. Sem pressupor uma linha de influência direta, sugiro que as ideias de Hegel em "A consciência infeliz" sobre a inevitabilidade do apego do corpo e ao corpo em sujeição são reiteradas no referencial foucaultiano, e também sugiro que o relato foucaultiano da sujeição, apesar de ultrapassar a lógica dialética em alguns

---

[5] Foucault, *Vigiar e punir*, p. 29.

aspectos importantes, continua implicitamente ligado à formulação hegeliana. Além disso, Hegel presume tacitamente que a sujeição deve ser entendida como um *apego* que nega a si mesmo, e que, desse modo, compartilha uma suposição prática com a noção freudiana de investimento libidinal.

Hegel e a produção da escravidão de si

Na *Fenomenologia*, de Hegel, os corpos quase nunca aparecem como objetos de reflexão filosófica, muito menos como locais de experiência, pois Hegel sempre se refere a eles apenas indiretamente como invólucro, localização ou especificidade da consciência. Quando entramos na seção sobre a consciência infeliz, nós, leitores, já encontramos no texto o senhor e o escravo, e somos dados a entender que essas figuras discrepantes ocupam posições diferentes em relação à vida corporal. O escravo surge como corpo instrumental cujo trabalho provê as condições materiais da existência do senhor, e cujos produtos materiais refletem tanto a subordinação do escravo quanto a dominação do senhor. Em certo sentido, o senhor se coloca como um descorporalizado desejo de autorreflexão, que não só exige a subordinação do escravo em sua condição de corpo instrumental, como também exige, de fato, que o escravo seja o corpo do senhor, mas de modo tal que o senhor esqueça ou renegue sua própria atividade na produção do escravo, a qual chamaremos de projeção.

Esse esquecimento envolve um truque inteligente. É uma ação pela qual se renega uma atividade, mas que, como ação, admite retoricamente a própria atividade que pretende negar. Renegar o próprio corpo, torná-lo "Outro" e depois estabelecer o "Outro" como efeito da autonomia é produzir o corpo de modo tal que a atividade de sua produção – e sua relação essencial com o senhor – seja negada. Esse truque ou artimanha envolve uma renegação dupla e o imperativo de que o "Outro" se torne cúmplice da renegação. Para que o senhor não seja o corpo que presumivelmente é, e para que o escravo se coloque como se o corpo que ele é lhe pertencesse – em vez de ser a projeção orquestrada do senhor –, é preciso haver uma troca de determinado tipo, uma barganha ou um acordo, em que as artimanhas são postas em ato e transacionadas. Com efeito, o que se coloca como imperativo para o escravo consiste no seguinte: seja meu corpo para mim, mas não me deixe saber que este corpo em que você está é o meu. Aqui se realizam uma injunção e um contrato de modo que os movimentos que garantem o cumprimento da injunção e do contrato sejam imediatamente encobertos e esquecidos.

No final da seção sobre dominação e escravidão, o escravo trabalha exaustiva e repetidamente em objetos que pertencem ao senhor. Nesse sentido, presume-se desde o início que tanto seu trabalho quanto seus produtos não são seus, mas expropriados. Eles são entregues antes que exista a possibilidade de entregá-los, visto que, a rigor, nunca chegam a ser do escravo. No entanto, esse "contrato" em que o escravo se põe como substituto do senhor se torna consecutivo: a própria substituição se torna formativa do escravo e para o escravo. Na medida em que o escravo dá duro e toma consciência da assinatura que deixa nas coisas que faz, ele reconhece na forma do artefato que cria as marcas de seu próprio trabalho, marcas formativas do objeto em si. Seu trabalho produz nos objetos um conjunto visível e legível de marcas das quais ele extrai a confirmação de sua própria atividade formativa. Esse trabalho, essa atividade, que não obstante pertence desde o início ao senhor, volta-se para o escravo como seu próprio trabalho, uma atividade que emana dele, mesmo que pareça emanar do senhor.

Poderíamos dizer, em última instância, que esse trabalho refletido pertence ao escravo? Vale lembrar que o senhor renegou seu próprio ser trabalhador, renegou seu corpo como instrumento de trabalho, e determinou o escravo como aquele que ocuparia seu corpo para si. Nesse sentido, o senhor contratou o escravo como sub-rogado ou substituto. O escravo, portanto, pertence ao senhor, mas com um tipo de pertença que não pode ser reconhecida, pois reconhecê-la implicaria reconhecer a substituição e, por conseguinte, expor o senhor como o corpo que evidentemente ele muito não quer ser. Desse modo, o escravo trabalha como substituto a serviço da renegação; é apenas mediante o arremedo e o encobrimento do caráter mimético do trabalho que o escravo parece ser ativo e autônomo. Na verdade, o objeto surge como a objetificação do trabalho do escravo, e, portanto, como uma instância desse trabalho, uma solidificação e reflexão desse trabalho. Mas o que o objeto reflete? A autonomia do escravo? Ou será que o efeito dissimulado da autonomia resulta do contrato feito entre senhor e escravo? Em outras palavras, se o escravo efetiva a autonomia através da imitação do corpo do senhor, uma imitação que permanece escondida do senhor, então a "autonomia" do escravo é o efeito crível dessa dissimulação. Por conseguinte, o objeto do trabalho reflete a autonomia do escravo na medida em que o objeto também encobre a dissimulação que é a atividade do escravo. Em seu trabalho, portanto, o escravo descobre ou entende sua própria assinatura, mas o que a define como sua? O escravo descobre sua autonomia, mas (ainda) não vê que sua autonomia é o efeito dissimulado da autonomia do senhor. (Tampouco vê que a autonomia do senhor é ela mesma uma dissimulação: o senhor efetua a autonomia da reflexão descorporalizada e delega a autonomia da corporificação ao escravo, produzindo assim duas "autonomias" que, a princípio, parecem excluir radicalmente uma à outra.)

Mas surge aqui uma questão: a atividade do escravo permanece completamente limitada pela dissimulação que a mobiliza? Ou essa dissimulação produz efeitos que excedem o controle ou o domínio do senhor?

Para que o escravo reconheça como suas as marcas feitas no objeto, o reconhecimento deve ocorrer mediante um ato de leitura ou interpretação pelo qual o escravo entende que as marcas [*Zeichen*] que vê o representam de algum modo. Não é que a atividade tenha de ser testemunhada, mas sim que se veja que os *signos* produzidos são o efeito da efetividade que designa o escravo, que se entenda de alguma forma que eles se referem retroativamente ao escravo como signatário. Se entendemos a formação do objeto como a inscrição da assinatura do escravo, se entendemos que o princípio formativo do objeto é a formação de sua assinatura, então a assinatura do escravo remete a um domínio de propriedade controversa. Essa é a marca *dele*, a marca que ele pode ler (devemos deixar que o escravo ocupe o lugar da presumível masculinidade), e por isso o objeto parece lhe pertencer. No entanto, esse objeto marcado por ele, que tem a marca dele, pertence ao senhor, pelo menos nominalmente. O escravo se faz de signatário, por assim dizer, em nome do senhor – se faz de representante, de substituto delegado. Por conseguinte, a assinatura não firma a posse do objeto pelo escravo, mas se torna o lugar de redobramento da propriedade e, com isso, prepara o terreno para uma cena de disputa.

A marca ou o signo no objeto não é simplesmente a propriedade do escravo – o objeto que leva sua marca significa, para ele, que ele é um ser que deixa uma marca nas coisas, um ser cuja atividade produz um efeito singular, uma assinatura, que é irredutivelmente sua. Essa assinatura se apaga quando o objeto é entregue ao senhor, que o estampa com *seu* próprio nome, apossa-se dele ou o consome de alguma maneira. Portanto, devemos entender o trabalho do escravo como um marcar que regularmente se desmarca, um ato signatário que se expõe ao apagar no momento em que circula, pois a circulação, nesse aspecto, carrega sempre a expropriação pelo senhor. Desde o início, é claro, o escravo trabalha para outro, sob o nome ou o signo de algum outro, e com isso marca o objeto com sua própria assinatura sob uma série de condições em que a assinatura já está sempre apagada, sobrescrita, expropriada, ressignificada. Se o escravo escreve por cima da assinatura do senhor, invertendo temporariamente a posição subordinada do representante em relação ao original, o senhor se reapropria do objeto escrevendo por cima da assinatura do escravo. O que surge é menos um objeto palimpséstico – como as topografias de Kafka – do que uma marca de propriedade produzida mediante uma série de apagamentos consecutivos.

Significativamente, o escravo, no entanto, ganha o senso de reconhecimento de si no final do capítulo, mas não por reconhecer sua assinatura no objeto. Afinal, a assinatura dele foi coberta pela assinatura do senhor. Ele reconhece a si mesmo justamente na perda da assinatura, na *ameaça à autonomia* que a expropriação produz. Estranhamente, então, a condição radicalmente tênue do escravo dá origem a um certo reconhecimento de si, que é atingido através da experiência do *medo absoluto*.

Trata-se do medo de uma certa perda de controle, uma certa transitoriedade e expropriabilidade produzida pela atividade do trabalho. Aqui, a lógica da atividade do escravo parece curiosamente convergir com a do senhor. Antes parecia que o senhor ocupava o lugar do puro consumo, apropriando-se e livrando-se de tudo que o escravo fez. O escravo, em contrapartida, passou pela experiência da autorreflexividade ao trabalhar e criar um objeto que carregava as marcas de seu ser, e, assim, entendeu a si mesmo como um ser que cria ou dá forma a coisas que sobrevivem a ele – um produtor de coisas permanentes. Para o senhor, que ocupa a posição do consumo puro, os objetos eram transitórios, e ele mesmo era definido como uma série de desejos transitórios. Para o senhor, então, nada parecia durar, exceto talvez sua própria atividade de consumo, seu próprio desejo infinito.

Essas duas posições, no entanto, não são radicalmente opostas uma à outra; afinal, a única coisa que as duas experimentam sempre, cada uma à sua maneira, é a perda do objeto, e, com ela, uma transitoriedade pavorosa. O trabalho, para Hegel, é uma forma de desejo que suprime idealmente seu caráter transitório: nas palavras dele, "o trabalho é desejo refreado, um desvanecer contido" (p. 149-50, § 195). Trabalhar um objeto é dar-lhe forma, e dar-lhe forma é dar-lhe uma existência que supera a transitoriedade. O consumo do objeto é a negação desse efeito de permanência; o consumo do objeto é a sua *de*formação. O acúmulo de propriedade, no entanto, exige que os objetos formados sejam possuídos em vez de consumidos; é apenas como propriedade que os objetos preservam sua forma e "contêm o desvanecimento". É somente como propriedade que os objetos cumprem a promessa teológica com a qual foram investidos.

O medo do escravo, portanto, consiste na experiência de expropriação daquilo que parece ser propriedade dele. Na experiência de abrir mão do que criou, o escravo entende duas questões: primeiro, que o que ele é está incorporado ou significado no que ele faz, e segundo, que ele faz o que faz sob o domínio da compulsão de abrir mão do que faz. Por conseguinte, se os objetos o definem e refletem de volta o que ele é, eles são o texto assinado pelo qual ele adquire o sentido de quem ele é, e se os objetos são incessantemente sacrificados, ele é um ser que incessantemente sacrifica a si mesmo. Ele só reconhece a própria assinatura como o que é constantemente apagado, como um lugar constante de desaparição. Ele não tem nenhum controle sobre aquilo a que imprime seu nome, ou sobre os propósitos aos quais busca atribuir seu nome. Sua assinatura é um apagar a si mesmo: ele entende que a assinatura é sua, que sua própria existência parece ser irredutivelmente sua, que irredutivelmente seu é seu próprio evanescer, e que esse evanescer é efetuado por outro – isto é, que essa forma de apagar a si mesmo é imposta socialmente. Ele não só trabalha para outro, que fica com o rendimento de seu trabalho, como também renuncia à própria assinatura em nome da assinatura do outro, abrindo mão de todas as formas de marcar a propriedade de seu próprio trabalho.

Essa expropriação do objeto não nega a percepção que o escravo tem de si como ser trabalhador, mas implica a perda de tudo que ele faz. A coisa determinada que o escravo faz reflete o próprio escravo como coisa determinada. Mas como o objeto é entregue, o escravo se torna aquilo que pode ser perdido. Se o objeto é a solidificação ou a conformação do trabalho, e se o trabalho é o trabalho do escravo, o caráter determinado e transitório da coisa implica o caráter determinante e transitório do escravo. O corpo trabalhador que agora sabe ter dado forma ao objeto também sabe que é *transitório*. Além de negar as coisas (no sentido de transformá-las pelo trabalho) e de ser uma atividade negadora, o escravo está sujeito a uma negação plena e final na morte. Esse confronto com a morte no final do capítulo lembra a luta de vida ou morte do início. A estratégia de dominação teria como objetivo substituir a luta de vida ou morte. Mas na versão anterior a morte se dava por meio da violência do outro; a dominação era uma forma de forçar o outro a morrer *dentro* do contexto da vida. O fracasso da dominação como estratégia *re*introduz o medo da morte, mas a institui como o destino inevitável de todo ser cuja consciência é determinada e corporificada, e não mais como uma ameaça posta pelo outro. O escravo beira esse reconhecimento devastador de sua própria morte no último parágrafo do capítulo, mas se abstém de reconhecê-la, e, em vez disso, apega-se a vários de seus próprios atributos, assume uma postura enfatuada e obstinada, agarra-se ao que parece haver de firme nele mesmo, prende-se firmemente em si mesmo, a fim de não saber que a morte ameaça cada aspecto de sua própria firmeza: "Enquanto todos os conteúdos de sua consciência natural não forem abalados [*Indem nicht alle Erfüllungen seines natürlichen Bewusstseins wankend geworden*], essa consciência pertence ainda, *em si*, ao ser determinado. O sentido próprio é obstinação, uma liberdade que ainda permanece no interior da escravidão" (p. 151, § 198).

Nesse contexto, a consciência infeliz surge no movimento pelo qual o terror se atenua mediante uma dissolução obstinada, ou melhor, por meio da ação que substitui o terror da morte corporal pela enfatuação e pela obstinação que, no capítulo seguinte, são redefinidas como presunção religiosa. Esse si-mesmo santimonial não é *destituído* de terror: sua reflexividade é autoaterrorizante. O corpo que os escravos emblemaram como instrumento trabalhador é reformulado no final do capítulo sobre dominação e escravidão como um objeto transitório, sujeito à morte. O reconhecimento da morte do corpo é evitado, no entanto, em função de um modo de vida em que o corpo morre sem cessar: daí a passagem da servidão do escravo para a da consciência infeliz. O escravo toma o lugar do senhor ao reconhecer sua própria capacidade formativa, mas uma vez que o senhor se desloca, o escravo se torna senhor de si mesmo, mais precisamente senhor de seu próprio corpo; essa forma de reflexividade sinaliza a passagem da escravidão para a consciência infeliz. Ela envolve a divisão da psique em duas partes, uma dominação e uma escravidão internas a uma única consciência, pela qual o corpo é novamente dissimulado como alteridade, mas desta vez a alteridade é interior à própria psique. Não mais sujeitado como instrumento externo de trabalho, o corpo ainda permanece separado da consciência. Reconstituído como um estranho interior, o corpo se sustenta pela renegação e assume a forma do que a consciência deve continuar renegando.

Qual é a forma que essa sujeição de si assume na seção sobre a consciência infeliz? No primeiro exemplo, ela é uma forma de obstinação [*Eigensinnigkeit*]. Tem um "sentido próprio" que é "obstinação", mas que não deixa de ser uma forma de escravidão. A consciência se agarra ou se apega a si mesma, e esse agarrar-se à consciência é, ao mesmo tempo, uma renegação do corpo, que parece significar o terror da morte, "o medo absoluto". A consciência infeliz requer e envolve esse apego evocando um imperativo. Seu medo está atenuado pelo legislar de uma norma ética. Por conseguinte, o imperativo de se apegar a si mesmo é motivado por esse medo absoluto e pela necessidade de rejeitar esse medo. Na medida em que é uma injunção ética, esse imperativo é a rejeição desarticulada do medo absoluto.

A seção sobre a consciência infeliz explica a gênese do campo ético como uma defesa contra o medo absoluto que a motiva. A invenção de normas a partir do medo (e contra ele), bem como a imposição reflexiva dessas normas, sujeita a consciência infeliz num duplo sentido: o sujeito é subordinado às normas, e as normas são subjetivadoras – isto é, elas dão uma forma ética à reflexividade desse sujeito emergente. A sujeição que ocorre sob o signo do ético é uma fuga do medo, e por isso se constitui como uma espécie de fuga e negação, uma fuga terrível do medo que primeiro encobre esse medo com a obstinação e depois com a presunção religiosa. Quanto mais absoluto o imperativo ético se torna, quanto mais obstinada ou *eigensinnig* se torna a aplicação de sua lei, com mais força se articula e se rechaça ao mesmo tempo o caráter absoluto do medo que o motiva. O medo absoluto, desse modo, é deslocado pela lei absoluta que, paradoxalmente, reconstituiu o medo como medo *da* lei.

O medo absoluto abalaria todas as coisas determinadas, inclusive o caráter de "coisa determinada" do escravo. A fuga desse medo, um medo da morte, invalida o caráter de coisa do sujeito. Isso implica abandonar o corpo e se agarrar ao que parece ser mais descorporalizado: o pensamento. Hegel menciona o estoicismo como uma espécie de aderência defensiva, que separa de qualquer conteúdo a atividade do pensamento. Para Hegel, os estoicos se recolhem numa existência subjetiva e racional que tem como maior objetivo o recolher-se absoluto da existência *per se*, inclusive a sua própria. Essa tarefa acaba por refutar a si mesma, é claro, na medida em que a autorrefutação requer um si-mesmo persistente que se ponha no ato de se recolher de sua própria existência e da existência dos outros. Como o ato conceitual da negação sempre pressupõe uma posição a partir da qual se dá essa negação, os estoicos acabam ressaltando a própria positividade do si-mesmo que buscavam negar. Para Hegel, o ceticismo segue o estoicismo porque o ceticismo começa pressupondo a insuperabilidade do sujeito pensante. Para os céticos, o si-mesmo é uma atividade de perpétua negação, que refuta ativamente a existência de tudo colocando-se como sua própria atividade constitutiva.

O ceticismo nega o campo da alteridade tentando mostrar que qualquer determinação de necessidade lógica se transforma em seu oposto e, portanto, não é o que é. O cético rastreia e se concentra nessa constante desaparição da aparência determinada sem levar em conta a lógica dialética que orquestra e unifica essas várias oposições. Como consequência, nada é o que é, e não há nenhum fundamento lógico ou empírico acessível que permita ao cético conhecer racionalmente o campo da alteridade. O pensamento do cético se torna um esforço frenético para que cada determinação desapareça em outra, de modo que esse constante aparecer e evanescer não siga nenhuma ordem ou necessidade. O cético, assim como muitos novos historicistas, acaba por produzir contradições por si mesmas: vale destacar que Hegel argumenta que essa produção de caos (entendida como contradição incessante) é *prazerosa* na medida em que o cético sempre consegue solapar a posição de seu oponente filosófico.

Esse tipo de refutação prazerosa e incessante ainda é uma forma de obstinação ou *Eigensinnigkeit*: "Seu falatório é, de fato, uma discussão entre rapazes teimosos [*eigensinniger Jungen*] [...] e assim cada um, à custa da contradição consigo mesmo, se paga a alegria [*die Freude*] de ficar sempre em contradição como outro" (p. 157, § 205). O cético sobrepuja sua própria contradição para ter o prazer de forçar os outros a atestarem suas contradições. Mas esse prazer, uma forma de sadismo, é efêmero, pois o caráter obstinado e persistente dos esforços do cético é certamente desafiado quando o cético encontra outro igual a ele. Quando um cético expõe as contradições de outro, o primeiro é obrigado a tomar em conta sua própria contraditoriedade. O entendimento de sua própria contraditoriedade iniciará para ele uma nova modalidade de pensamento. Nesse ponto, o cético toma consciência da contradição constitutiva de sua própria atividade negadora, e a consciência infeliz surge como uma forma explícita de reflexividade ética.

De certo modo, o prazer infantil e obstinado do cético em observar a queda do outro se transforma numa infelicidade profunda quando ele, por assim dizer, é obrigado a *observar sua própria queda* em contradições infinitas. Nesse contexto, a distância proporcionada pela observação parece essencialmente ligada ao sadismo do prazer e à postura do cético como alguém que se isenta, pela distância visual, da cena que testemunha. O prazer sádico envolvido na observação se torna, no modo da infelicidade, a observação desagradável de si mesmo.[6] Testemunhar implica uma reduplicação mimética do si-mesmo, e seu "desapaixonamento" é desmentido pela paixão do mimetismo. O si-mesmo que sustentava sua identidade encorajando os outros a entrarem em contradição de repente se vê como um desses outros; essa visão de si mesmo à distância não só inicia a consciência infeliz, como também transforma em dor o prazer do cético. O sadismo dirigido contra o outro agora se volta para a própria consciência (não investigarei, por enquanto, se o prazer no sadismo também se redireciona contra a consciência). Como estrutura dupla, a consciência infeliz toma a si mesma como seu próprio objeto de desprezo.

A elaboração filosófica desse desprezo assume a seguinte forma: a consciência agora está dividida em duas partes, a "essencial" e "imutável" de um lado, e a "inessencial" e "mutável" de outro. O si-mesmo que observa, o qual se define como um tipo de *testemunha depreciadora*, diferencia-se do si-mesmo ao qual observa entrar constantemente em contradição. Esse observar se torna uma maneira de *re*-estabelecer a distância visual entre o sujeito distante da cena e o sujeito em contradição. Nesse caso, no entanto, o si-mesmo que testemunha e deprecia não pode negar o si-mesmo contraditório como seu próprio si-mesmo; ele sabe que o si-mesmo contraditório é *ele mesmo*, mas, para fortalecer uma identidade

---

[6] A importância da compreensão psicanalítica do "fantasmático" e, em particular, a ideia de Laplanche e Pontalis de que o sujeito se dissimula na cena da fantasia. Consideraremos os vários estágios do progresso na *Fenomenologia* como formas sucessivas do fantasmático, ou seja, maneiras sucessivas de dissimulação do sujeito na cena e como a cena de sua ação.

opositora, ele transforma esse si-mesmo contraditório numa parte inessencial dele mesmo. Desse modo, ele se separa de si para se purificar da contradição.

Como resultado, a consciência infeliz se repreende constantemente, pois estabelece uma parte de si mesma como um puro juiz afastado da contradição e menospreza sua parte mutável como inessencial, embora inevitavelmente ligada a ela. Significativamente, a atividade que começa como um sadismo infantil no ceticismo se transforma num autojulgamento ético no contexto da consciência infeliz: desse modo, a consciência imutável "emite juízo" sobre o mutável, como o faz o adulto em relação à criança. Nessa dupla estruturação do sujeito, no entanto, está implícita a relação entre pensamento e corporeidade, pois o imutável será uma espécie de pensamento não contraditório, o pensamento puro visado pelos estoicos, e o campo contraditório será o das qualidades alternadas, o campo mutável da aparência, o que pertence ao próprio ser fenomenal do sujeito. A criança que "observa" transforma-se no juiz que "emite juízo", e o aspecto do si-mesmo sobre o qual ele julga está imerso no mundo mutável das sensações corporais.

A consciência infeliz busca superar essa dualidade encontrando um corpo que corporifique a pureza de sua parte imutável; ela busca criar uma relação com o "Imutável figurado" em sua forma encarnada ou corporificada. Para isso, o sujeito subordina seu próprio corpo a serviço do pensamento do imutável; esse esforço de subordinação e purificação é o da *devoção* [*Andacht*]. Previsivelmente, no entanto, esse esforço de disponibilizar o corpo para pensar o impensável se revela impossível. A devoção acaba por se tornar puro sentimento-de-si, ao qual Hegel se refere desdenhosamente como um "uniforme badalar de sinos, ou emanação de cálidos vapores; um pensar musical" (p. 163, § 217). Como sentimento-de-si, trata-se do sentimento do corpo obrigado a significar o transcendente e imutável, um sentimento que, não obstante, continua abrigado no sentimento corporal que ele busca transcender. Na verdade, o sentimento-de-si se refere apenas e infinitamente a si mesmo (uma forma transcendental de *Eigensinnigkeit*), e por isso é incapaz de prover conhecimento de qualquer outra coisa que não seja ele mesmo. Desse modo, a devoção que busca instrumentalizar o corpo a serviço do imutável acaba por ser uma imersão no corpo que impede o acesso a qualquer outra coisa – na verdade, uma imersão que toma o corpo por imutável e, com isso, cai em contradição. Embora a devoção pareça ser uma forma de autoimersão, ela também é uma continuação da autocensura e da automortificação. Esse sentimento-de-si, justamente por não atingir o imutável, torna-se ele mesmo objeto de escárnio e julgamento, marcando a contínua inadequação do si-mesmo em relação à sua medida transcendente. O transcendente é o que está sempre faltoso, e por isso assombra essa consciência uma figura do que é permanentemente inacessível e para sempre perdido. No modo de devoção, portanto, "para a consciência, só pode fazer-se presente o sepulcro de sua vida" (p. 163, § 217). Numa transposição de figuras, o corpo sobrevive, e tudo o que resta do ideal transcendente é um "sepulcro". Desse modo, considerando que a devoção começa como o esforço para subordinar o corpo a um objeto transcendente, ela termina por tomar o corpo – isto é, o sentimento-de-si – como objeto de adoração e deixa morrer o espírito imutável.

Podemos então concluir que uma certa forma de preocupação de si, entendida como reformulação de uma *Eigensinnigkeit* insuperável, constitui um narcisismo do sujeito que frustra o abnegado projeto de devoção. O sujeito que subordina seu corpo a um ideal, que obriga seu corpo a corporificar um ideal, descobre-se mais totalmente autônomo desse ideal, superando-o completamente. O colapso da devoção no narcisismo, se é que podemos defini-lo assim, significa que é impossível se desvencilhar do corpo dentro da vida. Obrigado, portanto, a aceitar como pressuposto essa inevitabilidade do corpo, o sujeito surge como uma nova forma, que é distintamente kantiana. Se há o mundo das aparências para o qual o corpo é essencial, então certamente há o mundo dos númenos, onde o corpo não tem lugar; o mundo se divide em seres que são para-si e em-si.

Em uma formulação que prefigura os *Fragmentos filosóficos* de Kierkegaard, Hegel afirma que o mundo imutável cede ou renuncia uma forma corporificada, que o em-si entrega ao mundo mutável uma versão incorporada de si mesmo para que seja sacrificada. Essa referência à figura de Cristo sugere que o mundo imutável se corporifica, mas apenas para ser sacrificado ou devolvido ao mundo imutável de onde veio. Como modelo para a vida sagrada, Cristo é entendido como uma encarnação continuamente a render graças. Em seu desejo e em suas obras, essa consciência encarnada busca render graças por sua própria vida, suas capacidades, faculdades e habilidades. Estas lhe são dadas; sua vida é vivida como dádiva; e ele vive sua vida em gratidão. Ele deve todos os seus atos a outro; sua vida começa a ser entendida como uma dívida infinita.

Por um lado, justamente por dever a própria vida a outro ser, esse ser vivo não é o assento ou a origem de suas próprias ações. Sua ação remete à ação de outro; portanto, não sendo o fundamento de sua própria ação, não é responsável pelo que faz. Por outro lado, suas próprias ações devem ser interpretadas como um perpétuo sacrificar-se pelo qual o si-mesmo *prova* ou demonstra sua própria gratidão. Esse render graças, assim, torna-se uma espécie de autoengrandecimento, o que Hegel chamará de "o extremo da singularidade" (p. 166, § 222).

A renúncia do si-mesmo como origem de suas próprias ações deve se fazer repetidamente e jamais ser plenamente alcançada, ainda que somente pelo fato de a *demonstração* da renúncia ser, ela mesma, uma ação obstinada. Essa ação obstinada, portanto, frustra retoricamente justo aquilo que deveria demonstrar. O si-mesmo se torna executor incessante da renúncia, pela qual a execução, enquanto ação, contradiz o postulado da *in*ação que pretende significar. Paradoxalmente, o que ele executa se torna a *ocasião* para uma ação grandiosa e infinita que efetivamente aumenta e individualiza o si-mesmo que ele busca negar.

Essa consciência, como o estoico, busca saber-se e mostrar-se como um "nada", embora inevitavelmente se torne um *agir* de nada. Aqui, o prazer que antes parecia pertencer ao sadismo infantil do cético volta-se para o si-mesmo. Nesse "agir de nada", afirma Hegel, "seu gozo se torna sentimento de sua infelicidade". "Essa mistura de prazer e dor resulta de uma renúncia do si-mesmo que jamais pode realizar completamente essa renúncia, a qual, como realização incessante, carrega em si a afirmação prazerosa do si-mesmo. A autoassimilação da consciência não se traduz em autocongratulação ou no simples narcisismo. Em vez disso, surge como um narcisismo negativo, uma empenhada preocupação com o que nele há de mais degradado e poluto.

Aqui, o si-mesmo que há de ser renunciado é representado como um si-mesmo corporal: "nas funções animais, a consciência é cônscia de si como *este singular efetivo*". Hegel parece aludir à defecação como um objeto da preocupação de si: "Essas funções, em vez de se realizarem descontraidamente, como algo que é nulo em si e para si – e que para o espírito não pode alcançar nenhuma importância nem essencialidade – são antes objeto de séria preocupação, e se tornam mesmo o que há de mais importante, pois é nelas que o inimigo se manifesta em sua figura característica. Mas como esse inimigo se produz em sua própria derrota, a consciência ao fixá-lo a si, em vez de libertar-se, fica sempre detida nele; e se vê sempre poluída" (p. 167, § 225). Esse "inimigo", por assim dizer, é descrito como "o mais singular [...] e o mais vil", e que serve, infelizmente, como objeto de identificação para essa consciência "caída". Aqui, a consciência em sua completa abjeção torna-se semelhante às fezes, perdida numa analidade autorreferente, um círculo de sua própria criação. Nas palavras de Hegel, "assim nos deparamos com uma personalidade só restringida a si mesma e a seu agir mesquinho, recurvada sobre si; tão miserável quanto infeliz" (p. 167, § 225).

Considerando a si mesmo como um nada, um agir de nada, uma função excrementícia, considerando-se, por conseguinte, um excremento, essa consciência se reduz efetivamente às características mutáveis de suas funções corporais e do que o corpo produz. No entanto, uma vez que é uma experiência *de* infelicidade, existe certa consciência que analisa essas funções e que não se identifica completamente com elas. Significativamente, é aqui, no esforço para se diferenciar de suas funções excretoras, aliás, de sua identidade excretora, que a consciência recorre a um "mediador", o que Hegel chamará de "ministro" [*priest*]. Para se reconectar com o puro e o imutável, essa consciência corporal oferece cada "feito" a um sacerdote ou ministro. Esse mediatizante desobriga a consciência abjeta da responsabilidade por suas próprias ações. Pela instituição do conselho e da recomendação, o sacerdote fornece a razão das ações da consciência abjeta. Tudo que a consciência abjeta oferece, isto é, todas as suas externalizações, inclusive o desejo, o trabalho e os excrementos, deve ser interpretado como *ofertas*, como penitência que se paga. O sacerdote institui a abnegação corporal como o preço da santidade, elevando o gesto renunciador da excreção à prática religiosa, pela qual todo o corpo é purgado ritualisticamente. A santificação da abjeção ocorre através de rituais de jejum e mortificação [*fasten und kasteien*] (p. 169, § 228). Como o corpo não pode ser totalmente negado, como pensavam os estoicos, deve-se renunciar a ele de maneira ritual.

Em jejuns e mortificações, a consciência infeliz se nega os prazeres do consumo, talvez imaginando que possa impedir a inevitabilidade do momento excrementício. Como atos corporais autoinfligidos, o jejum e a mortificação são ações reflexivas, voltas do corpo contra si mesmo. No limite da mortificação de si e do sacrifício de si, a consciência abjeta parece fundamentar sua ação no conselho do sacerdote, e, no entanto, esse fundamentar meramente oculta as origens reflexivas de sua autopunição.

Nessa conjuntura, Hegel se desvia da argumentação adotada até aqui, na qual salientou a postura de *autonegação* como uma *postura*, uma fenomenalização que refuta a negação que pretende instituir. No lugar dessa explicação, Hegel afirma que a vontade do outro opera através das ações de autossacrifício do penitente. Com efeito, não refuta o sacrifício de si afirmando-o como atividade volitiva, ao contrário: Hegel afirma que, no autossacrifício, o que se põe é a vontade do outro. Seria de esperar que o penitente fosse descrito como o que se deleita em si mesmo, é autoengrandecedor e narcisista, e que suas autopunições culminassem na prazerosa afirmação do si-mesmo. Mas Hegel evita essa explicação e rompe a linha argumentativa do capítulo em nome de uma solução religiosa no Espírito.

Nessa conjuntura, na verdade, poderíamos perfeitamente imaginar uma série de transições para encerrar "A consciência infeliz" diferente da que Hegel fornece, uma série que, não obstante, talvez fosse mais hegeliana que o próprio Hegel. O penitente renuncia ao seu ato como seu, reconhecendo que a vontade do outro – no caso, do sacerdote – opera por meio do seu autossacrifício, e, além disso, que a vontade do sacerdote é determinada pela vontade de Deus. Assim investido numa grande cadeia de vontades, a consciência abjeta entra em uma comunidade de vontades. Embora sua vontade seja determinada, ela está vinculada à do sacerdote; nessa unidade, discernimos pela primeira vez a noção de Espírito. O mediador ou sacerdote aconselha o penitente de que a sua dor será recompensada com abundância eterna, que sua miséria será recompensada com felicidade eterna; a miséria e a dor implicam uma transformação futura em seus opostos. Nesse sentido, o ministro reformula a reversão dialética e estabelece a inversão dos valores como um princípio absoluto. Visto que, em todos os exemplos da negação de si anteriormente dados, o prazer foi entendido como *inerente* à dor (o engrandecimento prazeroso do estoico, o sadismo prazeroso do cético), aqui o prazer é removido temporariamente da dor, representado como futura compensação desta. Para Hegel, essa transformação escatológica da dor deste mundo no prazer do mundo seguinte estabelece a transição da consciência-de-si para a razão. E o reconhecimento da consciência-de-si como parte de uma comunidade religiosa de vontades efetua a transição da consciência-de-si para o Espírito.

Mas o que devemos compreender dessa transição final, considerando a relação iminente de prazer e dor nas transições que a precedem? Antes da introdução do "mediador" e do "sacerdote", o capítulo sobre a consciência infeliz parece se desenvolver como se promovesse uma crítica incisiva aos imperativos éticos e aos ideais religiosos, uma crítica que prefigura a análise nietzschiana que surge uns 60 anos depois. Todo esforço de se reduzir à inação ou ao nada, de subordinar ou mortificar o próprio corpo, culmina inadvertidamente na *produção* da consciência-de-si como um agente que busca o prazer e o autoengrandecimento. Todo esforço para superar o corpo, o prazer e o agir acaba se mostrando idêntico a nada menos do que a afirmação dessas próprias características do sujeito.

Sujeições pós-hegelianas

A crítica nietzschiana às normas éticas, prefigurada em "A consciência infeliz" e articulada em *Genealogia da moral* e *Aurora*, de Nietzsche, foi reformulada mais recentemente em *Vigiar e punir*, de Foucault. Tanto a posição de Hegel quanto as inspiradas por Nietzsche podem ser proveitosamente comparadas com a crítica de Freud sobre a gênese dos imperativos morais em *O mal-estar na civilização*. Recordemos que, para Hegel, os imperativos éticos surgem a princípio como uma resposta defensiva ao medo absoluto, e seu surgimento deve ser interpretado como uma transformação e uma recusa desse medo. Esse medo absoluto era o medo da morte, portanto um medo condicionado pelo caráter finito do corpo. A recusa ética e a subordinação do corpo, então, devem ser entendidas como um esforço mágico de invalidar essa negação existencial. Além disso, o ideal da autossuficiência radical é colocado em risco pela permeabilidade e dependência do corpo. Nesse sentido, a excreção não é a única "função animal" que significaria "impureza" para esse sujeito. Os esforços repetidos de sacrificar o corpo, os quais se tornam afirmações repetidas dele, também são esforços para defendê-lo contra tudo que o "arrisca", ao passo que "estar em perigo" denota um perigo ligeiramente menos terrível do que a morte, uma espécie de paroxismo penetrante que implica ser comovido ou abalado sexualmente e "integralmente" [durch und durch angesteckt]. Desse modo, podemos ver uma prefiguração da neurose, e talvez também uma modalidade específica de pânico homossexual, nas várias formas de censura e mortificação aludidas em "A consciência infeliz".[7]

Devemos então fazer uma releitura do medo mobilizador, que é recusado e redirecionado pelo imperativo ético, considerando a temível "expropriabilidade" do corpo. Se a atividade trabalhadora do escravo podia ser expropriada pelo senhor, e se o senhor podia se apossar da essência do corpo do escravo, então o corpo constitui um espaço de propriedade controversa — uma propriedade que, pela dominação ou ameaça de morte, sempre pode ser de outro. O corpo parece ser nada mais do que uma ameaça ao projeto de segurança e autossuficiência que rege a trajetória da *Fenomenologia*. A preocupação anal que precede diretamente a ascensão a um conceito religioso de uma vida pós-morte sugere que a permeabilidade corporal só pode ser resolvida pela fuga para um pós-morte em que nenhum corpo exista de modo nenhum. Essa afirmação da negação absoluta do corpo contradiz todos os esforços anteriores de subordinar ou dominar o corpo *dentro* da vida, esforços que culminaram na afirmação da inevitabilidade do corpo. Enquanto outras noções religiosas acabaram

---

[7] Para uma discussão das origens da consciência na repressão da homossexualidade, ver FREUD, Sigmund. On Narcissism: An Introduction. In: *The Standard Edition of the Complete Psychological Works of Sigmund Freud*. Edição e tradução para o inglês de James Strachey. Londres: Hogarth, 1953-1974, v. 14, p. 73-104. [Edição brasileira: Introdução ao narcisismo. In: *Introdução ao narcisismo, Ensaios de metapsicologia e outros textos (1914-1916)*. Tradução de Paulo César de Souza. São Paulo: Companhia das Letras, 2010. (Obras Completas, v. 12).]

por se revelar como maneiras furtivas de reafirmar o corpo, esta parece isenta da reversão dialética que ela resolve.

A psicanálise teoriza o fracasso em manter a sujeição do corpo seguindo linhas paralelas a essas reversões dialéticas anteriores. A repressão da libido é sempre entendida como uma repressão investida pela libido. Por conseguinte, a libido não é de modo nenhum negada pela repressão; em vez disso, ela se torna o instrumento de sua própria sujeição. A lei repressiva não é externa à libido que reprime, mas reprime na medida em que a repressão se torna uma atividade libidinal.[8] Além disso, as interdições morais, especialmente aquelas que se voltam contra o corpo, são elas mesmas sustentadas pela atividade corporal que visam cercear:

> uma ideia inteiramente própria da psicanálise e alheia ao pensamento habitual das pessoas. [...] ela diz que no início a consciência (mais corretamente: o medo que depois se torna consciência) é causa da renúncia instintual, mas depois se inverte a relação. Toda renúncia instintual torna-se uma fonte dinâmica da consciência, toda nova renúncia aumenta o rigor e a intolerância desta.[9]

De acordo com Freud, então, os imperativos que a consciência impõe a si mesma são seguidos e aplicados precisamente porque agora são o local da própria satisfação que eles buscam proibir. Em outras palavras, a proibição se torna o

---

[8] Percebemos aqui que a crítica de Foucault a Freud em *História da sexualidade 1* está parcialmente errada. A ideia de Foucault de que a psicanálise não entende como a lei produz o desejo representa, por si só, o não entendimento de como a proibição é produtiva. Foucault reserva o termo "poder" para a operação produtiva que não se aplicaria à "lei". No entanto, se entendemos a lei como produtiva, surge um equívoco intransponível entre os dois termos.

[9] FREUD, Sigmund. *Civilization and Its Discontents*. Tradução para o inglês de James Strachey. Nova York: Norton, 1977, p. 84. [Edição brasileira: *O mal-estar na civilização*. Tradução de Paulo César de Souza. São Paulo: Companhia das Letras, 2011, p. 74-75.]

lugar deslocado da satisfação para o "instinto" ou desejo que é proibido, uma oportunidade de reviver o instinto sub a rubrica da lei condenadora. Essa é, obviamente, a fonte da forma de comédia em que o portador da lei moral se revela o transgressor mais grave de seus preceitos (vide Arthur Dimmesdale de Nathaniel Hawthorne, ou o filósofo moral de Tom Stoppard). Como essa satisfação deslocada é experimentada por meio da aplicação da lei, essa aplicação é revigorizada e intensificada com o surgimento de cada desejo proibido. A proibição não visa obliterar o desejo proibido; ao contrário, a proibição busca reproduzir o desejo proibido e se intensificar por meio das renúncias que efetua. O "pós-morte" do desejo proibido está na própria proibição, na medida em que a proibição não só sustenta o desejo que ela obriga o sujeito a renunciar, mas também é *sustentada por ele*. Nesse sentido, portanto, a renúncia ocorre *por meio* do próprio desejo que é renunciado, e isso equivale a dizer que o desejo *nunca* é renunciado, mas se preserva e se reafirma na própria estrutura da renúncia.

Na crítica que faz sobre o ideal ascético em *Genealogia da moral*, Nietzsche argumenta de forma semelhante, lançando mão de uma estrutura dialética não muito diferente da de Hegel. A inevitabilidade do corpo em "A consciência infeliz" é paralela à inevitabilidade do "instinto" em Freud e à da vontade em Nietzsche. Para Nietzsche, o ideal ascético, entendido como uma vontade de nada, é uma maneira de interpretar todo sofrimento como culpa. Embora a culpa funcione para negar um tipo específico de objeto para as necessidades humanas, não pode destruir o caráter desejável dos seres humanos. De acordo com os ditames da culpa, então, "o homem podia *querer* algo – não importando no momento para que direção, com que fim, com que meio ele queria: *a vontade mesma estava salva*". O ideal ascético, muito parecido com a consciência infeliz de Hegel, deve então ser entendido como:

> esse ódio ao que é humano, mais ainda ao que é animal, mais ainda ao que é matéria, esse horror aos sentidos, à

razão mesma, o medo da felicidade e da beleza, o anseio de afastar-se do que seja aparência, mudança, morte, devir, desejo, anseio – tudo isto significa, ousemos compreendê-lo, uma vontade de nada, uma aversão à vida, uma revolta contra os mais fundamentais pressupostos da vida, mas é e continua sendo uma vontade! [...] O homem preferirá ainda querer o nada a nada querer...[10]

Não quero dizer que as noções altamente problemáticas de instinto em Freud, de corpo incipiente em Hegel e de vontade em Nietzsche são estritamente equivalentes. No entanto, sugiro que esses três pensadores circunscrevem uma espécie de reversão dialética centrada na impossibilidade de uma supressão reflexiva completa ou final do que poderíamos vagamente chamar de "corpo" dentro dos confins da vida. Se a supressão do corpo é em si um movimento instrumental do corpo e executado pelo corpo, então o corpo é inadvertidamente preservado no instrumento de sua supressão e por ação desse instrumento. O esforço autodestrutivo dessa supressão, no entanto, não só leva ao seu oposto: uma afirmação autoengrandecedora e autocongratuladora do desejo, a vontade, o corpo; em formulações mais contemporâneas, ele leva à elaboração de uma instituição do sujeito que excede a estrutura dialética pela qual ele é gerado.

Em Hegel, a supressão da vida corporal exige o mesmo corpo que ela busca suprimir; nesse sentido, o corpo é preservado no e pelo próprio ato de supressão. Em sua análise da neurose, Freud pensa algo diferente: trata-se de uma espécie de apego libidinal a uma proibição que, não obstante, tolhe a gratificação libidinal. Quando esse tolhimento constitui uma repressão, o que se segue é a cisão entre a ideação e o afeto, a neurose ou a formação de sintomas. Podemos interpretar as referências de Hegel à *Eigensinnigkeit* ou obstinação como exemplos do processo de cisão e defesa na formação

---

[10] NIETZSCHE. *Genealogia da moral*, p. 87-88.

de neurose. O fato de Hegel se referir a essa "infelicidade" como uma espécie de apego obstinado sugere que, como na neurose, a regulação ética do impulso corporal se torna a atenção e o objetivo do próprio impulso. Em ambos os casos, somos dados a entender um apego à sujeição que é formativo da estrutura reflexiva da própria sujeição. O impulso ou a experiência corporal que seria negada, para retornar a Hegel, é inadvertidamente *preservada* pela própria atividade de negação.

Tanto em Hegel quanto em Freud, vemos uma certa ênfase na reversão dialética pela qual a experiência corporal, em sentido amplo, passa pela censura da lei simplesmente para ressurgir como o afeto que sustenta essa lei. A noção freudiana de *sublimação* sugere que a negação ou o deslocamento do prazer e do desejo podem se tornar formativos da cultura; *O mal-estar da civilização*, portanto, serve de base para *Eros e civilização*, de Marcuse. Os efeitos inadvertidamente produtivos da sublimação na formação de produtos culturais parecem exceder a reversão dialética pela qual eles são gerados. Considerando que, para Marcuse, as pulsões, ou eros e thanatos, precedem os imperativos reguladores pelos quais se tornam culturalmente viváveis, para Foucault, a hipótese repressiva, que parece trazer em sua estrutura o modelo de sublimação, fracassa justamente porque a repressão gera os mesmos prazeres e desejos que procura regular. Para Foucault, a repressão não age em um campo de prazer e desejo previamente dado: ela constitui esse campo como aquele que deve ser regulado, que está sempre sob a rubrica da regulação, seja de modo potencial ou efetivo. O regime repressivo, como Foucault o chama, requer a própria ampliação e proliferação. Como tal, requer que o campo dos impulsos corporais se expanda e se prolifere como um campo moralizado, de modo que nunca lhe falte material novo para articular seu próprio poder. Assim, a repressão produz um campo de fenômenos corporais infinitamente moralizáveis a fim de facilitar e racionalizar sua própria proliferação.

Vemos nesse ponto que Foucault se afasta do tipo de reversão dialética que analisamos em Hegel. Em Foucault, a supressão do corpo não só requer e produz o próprio corpo que busca suprimir: ela vai além ao expandir o campo corporal a ser regulado e proliferar locais de controle, disciplina e supressão. Em outras palavras, o corpo *presumido* pela explicação hegeliana é incessantemente produzido e proliferado a fim de ampliar a esfera do poder jurídico. Nesse sentido, as restrições colocadas *sobre* o corpo não só *exigem* e *produzem* o corpo que buscam restringir, mas também *proliferam* o campo corporal para além do campo visado pela restrição original. No que muitos viram como um gesto finalmente utópico em Foucault, essa proliferação do corpo pelos regimes jurídicos para além dos termos da reversão dialética também é o âmbito da possível resistência. O discurso psicanalítico que descreveria e patologizaria o desejo reprimido acaba produzindo um incitamento discursivo ao desejo: o impulso é fabricado continuamente como espaço de confissão e, por conseguinte, de controle potencial, mas essa fabricação excede os fins reguladores pelos quais ele é gerado. Nesse sentido, os códigos penais que pretendem catalogar e institucionalizar a normalidade tornam-se o lugar para contestação do conceito de normal; os sexólogos que classificam e patologizam a homossexualidade acabam inadvertidamente fornecendo as condições para a proliferação e a mobilização de culturas homossexuais.

Dentro do referencial hegeliano, o sujeito, que se cinde do corpo, requer esse corpo a fim de sustentar sua atividade de separação; o corpo que há de ser suprimido, desse modo, é mobilizado a serviço dessa supressão. Para Foucault, o corpo a ser regulado é similarmente mobilizado a serviço da supressão, mas o corpo não se constitui antes da regulação. Pelo contrário, o corpo é produzido *como* objeto de regulação, e para que ela se amplie, o corpo é *proliferado* como objeto de regulação. Essa proliferação tanto marca a diferença entre a teoria de Foucault e a de Hegel quanto constitui o espaço da resistência potencial à regulação. A possibilidade dessa resistência é derivada do que há de *imprevisível* na proliferação. Mas para entender como um regime regulador pode produzir efeitos que não são apenas imprevisíveis, mas que também constituem resistência, parece que precisamos voltar à questão dos apegos obstinados, e, mais precisamente, ao lugar desse apego na subversão da lei. Embora Foucault critique a hipótese freudiana sobre a repressão, ele se inspira nela para explicar a produção e a proliferação do corpo regulado. Em particular, a lógica da sujeição, tanto em Hegel quando em Freud, faz pressupor que o instrumento de supressão se torna a nova estrutura e o novo objetivo do desejo, pelo menos quando a sujeição se mostra efetiva. Mas se o regime regulador exige a produção de novos âmbitos de regulação e, com isso, uma moralização mais extrema do corpo, qual seria o lugar do impulso, do desejo e do apego corporais? Além de produzir o desejo, o regime regulador acaba produzido pelo cultivo de certo apego à regra da sujeição? Se uma das funções dos regimes reguladores é restringir a formação e os apegos do desejo, então parece que, desde o início, presume-se um certo desapego do impulso, uma certa incomensurabilidade entre a capacidade para o apego corporal e o lugar onde ele é confinado. Foucault parece presumir justamente essa desvinculação do desejo ao afirmar que os incitamentos e as reversões são *imprevisíveis* até certo ponto, que têm a capacidade de exceder os objetivos regulatórios para os quais foram produzidos – capacidade central para a noção de resistência. Se determinado regime não controla totalmente os incitamentos que produz, isso acontece em parte como resultado de uma resistência, no nível do impulso, a uma domesticação plena e derradeira por parte de qualquer regime regulador?

O que Hegel conclui em "A consciência infeliz" não é apenas que a infelicidade moral não pode ser sustentada de forma coerente, que ela reconhece invariavelmente o ser corporal que procura negar, mas sim que a busca da infelicidade, o apego à infelicidade, é tanto a condição dessa sujeição quanto sua potencial anulação. Se a infelicidade, a agonia e a dor são lugares ou modos de obstinação, maneiras de nos apegarmos a nós mesmos, modos de reflexividade articulados negativamente, é porque são todos dados pelos regimes reguladores como espaços disponíveis para o apego, e o sujeito prefere se apegar à dor do que não se apegar de modo nenhum. Para Freud, o infante cria um apego, motivado pelo prazer, a qualquer estímulo que encontre no caminho, até mesmo o mais traumático, o que explica a formação do masoquismo e, para alguns, a produção da abjeção, da rejeição, da infelicidade, etc., precondições necessárias para o amor. O gesto da rejeição só pode se tornar erotizado em termos masoquistas porque é um gesto. Embora o suposto propósito do gesto da rejeição seja tolher um desejo que se aproxima, ele aparece *como um gesto, fazendo-se presente* e prestando-se a ser interpretado como um tipo de oferta, ou, minimamente, de *presença*. Precisamente porque é, o gesto da rejeição nega retoricamente a ameaça de recolhimento que, não obstante, ele pretende significar. Para o infante, a presença ou determinação desse objeto, não importa com que persistência rechace, é um espaço de presença e estímulo, e, por isso, é melhor do que a ausência absoluta de objetos. Essa obviedade não está longe do que escreveu Nietzsche, de que a vontade preferiria querer o nada a nada querer. Em ambos os casos, o desejo de desejar é uma vontade de desejar justamente aquilo que forcluirá o desejo, ainda que pela simples possibilidade de continuar a desejar.

Desse modo, a questão que Hegel e Freud parecem deixar para Foucault é se esse terreno do "apego obstinado" não aparece, de algum modo, nos cenários de sujeição que ele descreve. Até que ponto um regime regulador explora essa vontade de se apegar cegamente ao que busca suprimir ou negar esse mesmo apego? E até que ponto o apego exigido pelo regime regulador representa tanto seu fracasso constitutivo quanto o lugar potencial de resistência? Se o desejo tem como objetivo final a continuação de si mesmo — e aqui podemos reassociar Hegel, Freud e Foucault ao *conatus* de Espinosa —, então sua capacidade de se recolher e de se reapegar constitui algo assim como a vulnerabilidade de toda estratégia de sujeição.

Circuitos da má consciência
Nietzsche e Freud

Nietzsche oferece uma visão da consciência como atividade mental formadora de vários fenômenos psíquicos, mas que também é *formada* – consequência de um tipo distinto de internalização. Em Nietzsche, que distingue consciência de má consciência, consta que a vontade se volta sobre si mesma. Mas que sentido devemos dar a essa estranha locução? Como podemos imaginar uma vontade que recua e se redobra sobre si mesma? E como, mais pertinentemente, essa figura é oferecida como forma de articular o tipo de reflexividade central à operação da má consciência? Freud usa uma linguagem similar ao escrever sobre a formação da consciência, especialmente em relação à paranoia e ao narcisismo. Ele descreve a consciência como a força de um desejo – embora algumas vezes seja a força da agressão – que se volta sobre si mesmo, e ele entende a proibição não como uma lei externa ao desejo, mas como a operação do desejo na medida em que gira em torno de sua própria possibilidade. Como entendemos a figura que surge no contexto das duas explicações – a de uma vontade que se volta sobre mesma, a de um desejo que se volta sobre si mesmo? Devemos perguntar não só como essa figura de recuo e redobramento se torna central para a compreensão da má consciência, mas também o que essa figura sugere sobre a posição ou disposição corporal codificada na estrutura da reflexividade. Por que um corpo dobrado sobre si mesmo representa o que significa ser um tipo de ser consciente-de-si? A noção de que a moral se baseia em certo tipo de violência já é familiar, mas é surpreendente que essa violência seja o fundamento do sujeito. A moral pratica essa violência repetidas vezes ao cultivar o sujeito como um ser reflexivo. Isso é, em parte, o que levou Nietzsche a pensar a moral como uma espécie de doença. Se dizemos que essa volta sobre si é uma espécie de violência, não podemos simplesmente enfrentá-lo em nome da não violência, pois quando e onde quer que a enfrentemos, partimos de uma posição que pressupõe essa própria violência. Não quero apenas ressaltar a estrutura aporética envolvida na suposição da moral, tampouco apenas afirmar que existe uma violência generalizada em todo e qualquer posicionamento moral, embora as duas constatações, fornecidas pela desconstrução, sirvam de ponto de partida para o que procuro fazer. Em vez disso, eu diria que o sujeito que se oporia à violência, até mesmo à violência contra si mesma, é o efeito de uma violência anterior sem a qual o sujeito não poderia ter surgido. É possível romper esse círculo particular? Como e quando ocorre esse rompimento? O que surge como possibilidade significativa em que o sujeito perde seu contorno fechado, a circularidade de seu próprio fechamento reflexivo? A vontade pura, ontologicamente intacta e anterior a qualquer articulação, não surge de repente como princípio de autoengrandecimento e autoafirmação que excede os limites de todos os esquemas reguladores. Em vez disso, a dimensão formativa e de fabricação da vida psíquica, que se propaga sob o nome de "vontade", e que geralmente é associada a um campo restritivamente estético, é fundamental para reformular os grilhões normativos dos quais nenhum sujeito pode prescindir, mas que nenhum sujeito está condenado a repetir exatamente da mesma maneira.

    Minha análise diz respeito a um problema persistente que surge quando tentamos pensar a possibilidade de uma vontade que se assume como seu próprio objeto e, através da formação desse tipo de reflexividade, vincula-se a si mesma, adquire sua própria identidade através da reflexividade. Até que ponto essa aparente escravidão de si é total ou exclusivamente autoimposta? Essa estranha postura da vontade, que está a serviço de uma regulação social que exige a produção do sujeito, é uma consequência ou uma expressão da má consciência? Suponho que aqueles que procuram redimir Nietzsche quando dizem que é possível recorrer a ele em nome do ético pensam que a única alternativa pior do que a má consciência é sua obliteração. Mas ressaltemos que Nietzsche não só distingue moral e ético, como também pergunta sobre o *valor* da moral, estabelecendo com isso um valor pelo qual avaliar a moral, mas também sugerindo que essa avaliação, essa valoração, pode não ser redutível à moral.

Eu entendo que a justaposição de Nietzsche com a questão da ética seja de fato uma questão porque Nietzsche e várias figuras da tradição continental têm sido considerados culpáveis de atos e eventos irresponsáveis por associação. Como respondemos a essas acusações? Assumindo o lado do ético, relacionando todo e cada pensador ao ético? Ou tomamos a ocasião como uma oportunidade para pensar o problema com um pouco mais de cuidado, para pôr o ético em questão mais uma vez – uma questão que não pode ser desvencilhada de sua cumplicidade com aquilo a que mais se opõe? Paradoxalmente, será este o momento de refletir sobre as dimensões mais generalizadas da cumplicidade e as implicações de uma relação tão controversa com o poder?

Eu interpreto o desejo de recolocar Nietzsche dentro do campo ético como um esforço para combater a caricatura de Nietzsche, dentro da crítica contemporânea, como alguém que só faz destruir o campo dos valores (na medida em que a destruição não é em si uma fonte de valores, ou um valor em si). Por outro lado, acredito que Nietzsche nos ofereça uma compreensão política da formação da psique e do problema da sujeição, entendida paradoxalmente não só como a subordinação do sujeito às normas, mas também como a constituição do sujeito precisamente com tal subordinação. Na verdade, na medida em que a má consciência requer uma volta contra si mesma, um corpo que se recolhe sobre si mesmo, como essa figura serve à regulação social do sujeito, e como podemos entender essa sujeição mais fundamental, sem a qual não pode surgir nenhum sujeito propriamente dito? Acredito que, embora não exista uma anulação final do vínculo reflexivo, dessa postura do si-mesmo curvado sobre si, uma desregulação apaixonada do sujeito talvez possa precipitar um tênue deslindamento desse nó constitutivo. O que surge não é a vontade irrestrita ou um "além" do poder, mas outra direção para o que há de mais formativo na paixão, um poder formativo que é ao mesmo tempo a condição de sua violência contra si, seu status como ficção necessária e o lugar de suas possibilidades facilitadoras. Em rigor, essa reformulação da "vontade" não é a vontade de um sujeito, tampouco um efeito totalmente cultivado pelas normas sociais e por meio delas; eu diria que é o lugar em que o social implica o psíquico em sua mera formação – ou, para ser mais exata, *como* sua própria formação e formatividade.

    Consideremos a afirmação geral de que a regulação social do sujeito impõe um apego apaixonado à regulação, e que essa formação da vontade se dá em parte por meio da ação de uma repressão. Embora nossa tendência seja afirmar que a regulação social é simplesmente internalizada, retirada do exterior e trazida para dentro psique, o problema é mais complicado que isso – mais insidioso até, pois o limite que divide o "de dentro" e o "de fora" se instala justamente pela regulação do sujeito. A repressão é a própria volta sobre si realizada pelo apego apaixonado à sujeição. Como a vontade é instigada a se voltar dessa maneira? Podemos pensar nessa volta como uma curvatura interna da psique contra si mesma? Se sim, por que ela é representada como um corpo que se volta sobre si e contra si? O psíquico e o somático articulam-se de tal forma que a representação do primeiro esteja implicada invariavelmente numa relação quiasmática com o segundo? Nitidamente, o que está em jogo é algo diferente e que vai além de uma relação entre uma exigência externa oferecida pelo poder regulador e um recuo interno registrado como efeito secundário. Se o apego apaixonado à sujeição está pressuposto na própria noção de sujeito, então o sujeito só surge como exemplificação e efeito desse apego. Espero mostrar, primeiro mediante uma consideração de Nietzsche, e depois em relação a Freud, como a própria noção de reflexividade, como estrutura emergente do sujeito, é consequência de um "voltar-se sobre si", uma autocensura que acaba formando o que chamamos impropriamente de "consciência", e que não há formação do sujeito sem o apego apaixonado à sujeição.

Significativamente, Nietzsche atribui um poder criativo ou formativo à consciência, e o ato de se voltar sobre si não é apenas a condição de possibilidade do sujeito, mas também a condição de possibilidade da ficção, da fabricação e da transfiguração. Na verdade, Nietzsche observa que a má consciência *fabrica* a alma, a extensão do espaço psíquico interior. Se o sujeito é entendido como uma espécie de ficção necessária, ele também é uma das primeiras realizações artísticas pressupostas pela moral. As realizações artísticas da má consciência excedem o campo de ação do sujeito; na verdade, elas acabam incluindo "todos os acontecimentos ideais e imaginosos", inclusive o pensamento conceitual, a escrita figurativa e as fábulas e mitos conjeturados que compõem as diversas imaginações retrospectivas da genealogia. Nesse sentido, a condição de possibilidade da própria escrita de Nietzsche parece ser a má consciência da qual ele busca fazer um relato.

Nietzsche oferece uma narrativa que busca explicar essa formação, mas a narrativa é afetada desde o início pela própria consciência que ela busca revelar para nós. Não devemos confundir a afirmação de que a consciência é uma ficção com a afirmação de que a consciência é arbitrária ou dispensável, ao contrário: a consciência é uma ficção necessária, sem a qual o sujeito gramatical e fenomenológico não pode existir. Mas se o seu status fictício não exclui sua necessidade, como interpretamos o sentido dessa necessidade? Mais precisamente, o que significa dizer que o sujeito só surge pela ação de se voltar sobre si mesmo? Se essa volta sobre si é um tropo, um movimento que sempre e exclusivamente é *representado* como movimento corporal, mas que corpo nenhum performa literalmente, em que consiste a necessidade dessa representação? O tropo parece ser a sombra de um corpo, um ensombramento da violência do corpo contra si mesmo, um corpo na forma espectral e linguística que é a marca significante do surgimento da psique.

Em termos gramaticais, parece que primeiro deve haver um sujeito que se volta sobre si mesmo, mas defenderei que não existe sujeito exceto como consequência dessa reflexividade. Como é possível presumir o sujeito nos dois extremos desse processo, em especial se o que o processo visa explicar é justamente a própria formação do sujeito?

Se a consciência, para Freud, é um apego apaixonado à *proibição*, um apego que toma a forma de um voltar-se sobre si mesmo, podemos dizer que a formação do Eu é o resultado sedimentado dessa forma peculiar de reflexividade? A forma nominal "Eu", então, vai reificar e mascarar a acumulação iterada desse movimento reflexivo. Do que se compõe essa reflexividade? O que é que se volta sobre o quê? No que consiste a ação de "voltar-se sobre"? Minha sugestão é que essa circularidade lógica em que, por um lado, o sujeito parece ao mesmo tempo pressuposto e ainda não formado, e, por outro, formado e ainda não pressuposto, é atenuada quando se entende que, tanto em Freud quanto em Nietzsche, essa relação de reflexividade é sempre e exclusivamente representada, e que essa representação não tem pretensões ontológicas. É estranho nos referirmos a uma "vontade", ainda mais a sua "volta sobre si mesma", porque isso representa um processo que não pode ser separado da própria representação, muito menos compreendido fora dela. Na verdade, para Nietzsche, tanto a escrita dessas representações quanto a representação em geral são partes essenciais dos "acontecimentos ideais e imaginosos", que são as consequências da má consciência. Desse modo, quando consideramos a estranha figura da reflexividade que Nietzsche nos oferece, não ficamos sabendo de nada sobre a má consciência. Ficamos enredados, por assim dizer, nos efeitos atraentes da má consciência no momento exato em que tentamos descobrir no texto o que é precisamente a má consciência. Se afirmamos a má consciência como fundamento da representação, embora ela só possa ser representada – na verdade, representada *como* esse fundamento –, a circularidade que, de uma perspectiva lógica, poderíamos lamentar que esteja preocupada em estabelecer uma sequência clara torna-se o aspecto constitutivo da má consciência, considerada tanto como representação quanto como condição de possibilidade para a própria representação.

A circularidade aparente desse relato reaparece numa série de dilemas afins. O que motiva a vontade a se voltar sobre si mesma? Ele se volta sobre si devido à pressão de uma força ou lei externa, devido à força que se prevê ou se recorda do castigo? Ou essa forma peculiar de reflexividade ocorre antes de uma série de exigências impostas externamente, ou como uma outra forma de cumplicidade com essas exigências?

Para esclarecer esse último ponto, é importante reconsiderar a tese de que o castigo precede a consciência, e essa consciência pode ser entendida como a internalização não problemática do castigo, seu vestígio mnemônico. Embora existam momentos claros no texto de Nietzsche em que ele parece defender uma prioridade temporal do castigo em relação à consciência, também há algumas ideias que, em contraposição, questionam o caráter de sequência desse relato.

Se a vontade em Nietzsche atinge seu ponto mais produtivo – isto é, seu ponto mais consciencioso – quando ela se volta sobre si mesma, parece que a severidade da consciência está ligada à força da vontade de que é composta. Da mesma forma, para Freud, a força da consciência se nutre precisamente da agressão que proíbe. Nesse sentido, então, a força da consciência não é correlata nem da força de um castigo recebido nem da força da lembrança de um castigo recebido, *mas sim da força da nossa própria agressão*, que teria sido desafogada externamente, mas que agora, sob a rubrica da má consciência, desafoga-se internamente. Esse último desafogar é ao mesmo tempo um fabricar: uma internalização produzida ou fabricada como efeito de uma sublimação.

Essa circularidade parece quebrar a linha de causalidade ou internalização, uma linha que costuma ser delimitada entre a experiência externa ou histórica do castigo e a internalização do vestígio mnemônico desse castigo na forma de consciência. Mas se a consciência deriva a si mesma dessa maneira, e não unilateralmente, o que se daria a partir da internalização de um castigo externo ou histórico, existe algum outro modo de entender sua função no processo de regulação social? É possível entender a força do castigo fora de seus modos de explorar a exigência narcisista, ou, colocando em termos nietzschianos, é possível entender a força do castigo fora de seus modos de explorar o apego da vontade a si mesma?

Afirmar que há um apego apaixonado à sujeição parece pressupor que primeiro há uma paixão, e que seu objetivo é se apegar a algum tipo de objeto. Na própria obra de Nietzsche surge a questão sobre se essa paixão primária, essa vontade, precede os apegos pelos quais ela é conhecida, ou se seus apegos precedem suas paixões ou adquirem seu caráter de paixão só depois que o apego é assumido. (Talvez as duas coisas invariavelmente, participando de um conjunto incomensurável de trajetórias temporais. Em certos aspectos, podemos ver essa questão permeada nos debates entre as interpretações lacanianas de Freud e as baseadas na teoria da relação de objetos.)

Relato de Nietzsche sobre a má consciência

A consideração de Nietzsche sobre a má consciência em *Genealogia da moral* é introduzida na seção 16 da segunda dissertação. A princípio, não fica clara a relação dessa ideia com a noção de consciência apresentada anteriormente no mesmo ensaio. A consciência é introduzida por meio do animal criado para cumprir promessas, e em relação ao homem "soberano". O animal que faz e cumpre sua promessa é aquele que "desenvolveu em si uma faculdade" oposta ao esquecimento, ou seja, a memória, que se torna uma "*memória da vontade*".[11] Aqui Nietzsche refere-se a uma "impressão" sustentada ativamente por um desejo, uma impressão que não é esquecida, mas que, ao ser ativamente lembrada, produz a continuidade demorada da vontade. Mas essa impressão não é especificada. Uma impressão de onde? A serviço de quê? Nietzsche então insiste que aquele que faz promessas não permitirá que nada interrompa o processo pelo qual uma declaração original, "quero", "farei", culmina na descarga do ato designado. Aquele que promete verdadeiramente exerce o poder do soberano de pôr em ato o que diz, de dar existência ao que é de sua vontade. Em outras palavras, o ser que promete estabelece uma continuidade entre a declaração e o ato, embora a separação temporal entre os dois permita a intervenção de vários acidentes e circunstâncias que se colocam como conflito. Diante dessas circunstâncias e desses acidentes, a vontade continua a se produzir, a trabalhar em si mesma com o intuito de se fazer uma continuidade, na medida em que essa continuidade, essa "longa cadeia do querer", como diz, estabelece a sua própria temporalidade em oposição a qualquer outra que buscasse complicar ou qualificar sua execução. Esse ser que promete é aquele que representa a si mesmo ao longo do tempo e cuja palavra continua ao longo

---

[11] NIETZSCHE, Friedrich. *On the Genealogy of Morals*. Tradução para o inglês de Walter Kaufmann. Nova York: Random House, 1967, p. 58; *Zur Genealogie der Moral*. In: *Sämtliche Werke: Kritische Studienausgabe in 15 Einzelbänden*. Organizado por Giorgio Colli e Mazzino Montinari. Berlim: De Gruyter, 1988, v. 5, p. 292. [Edição brasileira: *Genealogia da moral: uma polêmica*. Tradução de Paulo César de Souza. São Paulo: Companhia das Letras, 1999, p. 49.] Doravante citado no texto como *Genealogia da moral*, com a paginação referindo-se à edição brasileira, acompanhada do número da dissertação e da seção.

do tempo, "que dá sua palavra como algo seguro, porque sabe que é forte o bastante para mantê-la contra o que for adverso" (p. 49, II, 2). Essa vontade prolongada, que é idêntica a si mesma ao longo do tempo e que estabelece seu próprio tempo, constitui o homem da consciência. (Curiosamente, esse ideal do ato de fala eficaz, pressuposto pelo prometer, é solapado pela própria ideia nietzschiana da cadeia de signos, segundo a qual um signo está fadado a assumir significados que o afastam das intenções originais que o mobilizaram. De acordo com a historicidade da cadeia de signos, seria impossível manter uma promessa, pois seria impossível salvaguardar um signo dos vários acidentes históricos pelos quais seu significado ultrapassa suas intenções originais.)

Na seção 3, que começa logo depois dessa discussão, Nietzsche reconsidera essa idealização do animal que promete e pergunta como é possível criar uma memória para a vontade. Isso nos leva de volta à questão sobre o caráter da "impressão" ativamente reanimada e revivida, e que, em sua reanimação e por meio dela, estabelece a continuidade prolongada da vontade. "Grava-se algo a fogo, para que fique na memória: apenas o que não cessa de *causar dor* fica na memória" (p. 50, II, 3). Em seguida ele nos diz do "terror" que antes acompanhava todas as promessas. Devemos então interpretar esse "terror" como a "impressão" que funciona como dispositivo mnemônico pelo qual a vontade se torna regular e calculável? Na seção 4, Nietzsche coloca a questão da má consciência de forma explícita, mas continua a tratá-la como se fosse bem separada da própria consciência. Ele pergunta: "Mas como veio ao mundo aquela outra 'coisa sombria', a consciência da culpa, a 'má consciência'?" (p. 52, II, 4). Mas ela é *outra*? Existe uma maneira de a vontade tornar-se regular, tornar-se a continuidade prolongada que subscreve a promessa, sem ficar sujeita à lógica da má consciência?

Em seguida, Nietzsche apresenta discussões bem conhecidas sobre a relação entre a dívida e a culpa (p. 52-53, II, 4), em que o não pagamento de um empréstimo desperta o desejo de compensação no credor, e se inflige um dano ao devedor. A atribuição da responsabilização moral ao devedor, desse modo, racionaliza o desejo do credor de castigar o devedor. Com essa noção de "responsabilização" surge toda uma panóplia de fenômenos psíquicos saturados em termos morais: a intencionalidade, e até certas versões da própria vontade. Mas as circunstâncias do contrato rompido não nos permitem explicar totalmente o desejo de punir. Por que o credor tem prazer em infligir um dano, e que forma assume esse prazer quando o dano é infligido na ação moralizada pela qual o credor responsabiliza moralmente o devedor e o declara culpado? Que estranha consumação do prazer acontece nessa atribuição da culpa?

Esse relato de como se origina a atribuição da culpa ainda não é a formação da má consciência (o que, obviamente, seria um atribuir ou infligir a culpa a si mesmo). Isso pressupõe que um contrato tenha sido rompido, e a existência do contrato pressupõe a instituição da promessa. Na verdade, o devedor é aquele que não cumpre sua promessa, prolonga sua vontade e descarrega sua palavra na execução de um ato.

A punição do devedor, portanto, pressupõe o modelo ou o ideal do animal que promete, mas esse animal que promete não existe sem as impressões de terror produzidas pelo castigo. O castigo do devedor parece surgir em resposta a um dano, e esse dano seria a dívida, mas a resposta ganha um significado que excede o propósito explícito de obter uma compensação. Pois o castigo é prazeroso, e infligir o dano é interpretado como uma sedução à vida (p. 55-57, II, 6-7).

Se essa cena complicada anima o credor, como entendemos a formação da má consciência no devedor? Nietzsche escreve: "O castigo teria o valor de despertar no culpado o *sentimento da culpa*, nele se vê o verdadeiro *instrumentum* dessa reação psíquica chamada 'má consciência', 'remorso'" (p. 70, II, 14).[12]

---

[12] Em inglês, *sting of conscience*, ou "mordida na consciência". Esse sentido de "remorso" vem do alemão *Gewissensbiβ*, apontado em nota de rodapé na edição brasileira. (N.T.)

Mas Nietzsche se afasta dessa formulação, uma vez que o instrumento desse castigo não é apenas as reações psíquicas, mas a psique em si. Entende-se que a internalização do instinto – que ocorre quando ele não se descarrega imediatamente como ato – produz a alma ou a psique em seu lugar; a pressão exercida pelos muros da sociedade força uma internalização que culmina na produção da alma – e entende-se que essa produção é a realização artística primária, a fabricação de um ideal. Essa fabricação parece tomar o lugar da promessa, a palavra efetivada como ato, e surgir na condição de que a promessa tenha sido quebrada. Mas recordemos que a execução do ato não se deu sem suas fabricações: um dos efeitos da promessa é produzir um "eu" que possa responder por si mesmo ao longo do tempo. Assim, a fabricação desse "eu" é o resultado paradoxal da promessa. O "eu" assume uma continuidade com seu ato, mas é o próprio ato que, paradoxalmente, criar a continuidade de si mesmo.

A má consciência seria a fabricação da interioridade que acompanha o rompimento da promessa, a descontinuidade da vontade, mas o "eu" que manteria a promessa é precisamente o efeito cultivado dessa fabricação contínua da interioridade. É possível existir um ser que promete, um ser capaz de descarregar palavras em atos, sem a má consciência que forma esse mesmo "eu" que cumpre com sua palavra no decorrer do tempo, que tem memória da vontade e para quem a psique já foi produzida?

Nietzsche descreve a má consciência "em seus começos" como o "*instinto de liberdade* tornado latente à força" (p. 75, II, 17). Mas onde está o vestígio dessa liberdade no tolhimento de si que Nietzsche descreve? No prazer obtido ao infligir a dor, o prazer de infligir a dor a si mesmo a serviço, em nome, da moral. Esse prazer de infligir, antes atribuído ao credor, torna-se, sob a pressão do contrato social, um prazer internalizado, o deleite de se perseguir a si mesmo. A origem da má consciência, portanto, é o deleite de perseguir a si mesmo, na medida em que o perseguido de si mesmo não existe fora da órbita da perseguição. Mas a internalização do castigo é a própria produção do si-mesmo, e é nessa produção que, curiosamente, estão o prazer e a liberdade. O castigo não é meramente produtivo do si-mesmo, mas a produtividade do castigo é o lugar da liberdade e do prazer da vontade, sua atividade de fabricar.

Como uma deformação peculiar da arte (o que, evidentemente, é indistinguível da sua formação primária), a consciência-de-si é a forma que a vontade assume quando é impedida da simples expressão como ato. Mas o modelo pelo qual um instinto ou uma vontade expressa ou descarrega a si mesmo em ato é anterior, de alguma maneira, a essa expressão da má consciência que tolheu a si mesma? É possível haver um modelo de promessa que não pressuponha desde o princípio a má consciência? O nobre é descrito anteriormente como aquele cuja obra "consiste em instintivamente criar formas, imprimir formas, eles são os mais involuntários e inconscientes artistas" (p. 75, II, 17). A alma é precisamente o que determinada arte violenta produz quando toma a si mesma como seu próprio objeto. A alma, a psique, não existe antes desse movimento reflexivo, mas essa volta reflexiva da vontade contra si mesma produz em seu rastro o metafórico da vida psíquica.

Se entendemos que a alma é o efeito da imposição de uma forma sobre si mesma, sendo a forma equivalente à alma, é impossível haver uma vontade prolongada, um "eu" que responda por si mesmo através do tempo, sem que haja a autoimposição de uma forma, esse trabalho moral sobre si mesmo. Essa produção fundamentalmente artística da má consciência, a produção de uma "forma" da vontade e a partir dela, é descrita por Nietzsche como "o ventre de acontecimentos ideais e imaginosos" (p. 76, II, 18). A má consciência é fabricada, mas, por outro lado, atribui-se a ela a fabricação de todos os acontecimentos ideais e imaginosos. Existe, então, alguma maneira de sabermos se a arte precede a má consciência ou é resultado dela? Existe alguma maneira de postular algo antes dessa "volta sobre si mesma", que é o fundamento trópico do sujeito e de toda arte, inclusive de toda a imaginação e a vida conceitual?

Se a má consciência *dá origem* aos acontecimentos ideais e imaginosos, é difícil imaginar que algum dos fabulosos termos genealógicos de Nietzsche não acabe sendo atribuível a essa má consciência. Com efeito, seu projeto de oferecer uma genealogia da má consciência parece fracassar quando os próprios termos que usa para explicar essa formação se tornam o efeito da formação em si. Em outros textos, por exemplo, ele se recusa a aceitar a noção de vontade como um dado conceitual. Em *Além do bem e do mal*, ele escreve: "observem o que é mais estranho na vontade – nessa coisa tão múltipla, para a qual o povo tem uma só palavra".[13] Uma vez que o querer é elevado à condição de conceito filosófico, diz Nietzsche, ele se torna necessariamente um tipo de ficção. O mesmo valeria claramente para a noção de "instinto", e também para o esforço de explicar, de maneira cronológica ou sequencial, como qualquer coisa pode ser derivada da vontade, ou como a vontade pode ser derivada de qualquer outra coisa: "deve-se utilizar a 'causa', o 'efeito', somente como puros *conceitos*, isto é, como ficções convencionais para fins de designação, de entendimento, *não* de explicação".[14] Em *Genealogia da moral*, ele reitera que a conceitualização surge da genealogia da tortura como a promessa de certa fuga: os conceitos, escreve ele, são um esforço para se libertar de uma tortura. É possível dizer que nessa descrição está implícito

---

[13] NIETZSCHE, Friedrich. *Beyond Good and Evil*. Tradução para o inglês de Walter Kaufmann. Nova York: Random House, 1966, p. 25; *Jenseits von Gut und Böse*. In: *Sämtliche Werke: Kritische Studienausgabe in 15 Einzelbänden*, v. 5, p. 32. [Edição brasileira: *Para além do bem e do mal: prelúdio a uma filosofia do futuro*. Tradução de Paulo César de Souza. São Paulo: Companhia das Letras, 2005, p. 23.] Doravante citado no texto como *Além do bem e do mal*, com a paginação referindo-se à edição brasileira.

[14] NIETZSCHE. *Além do bem e do mal*, p. 25-26.

o próprio aparato conceitual de *Genealogia da moral*, e que o texto de Nietzsche, desse modo, é um esforço para escapar das torturas da má consciência, embora deva sua vida, por assim dizer, a essa mesma fonte? Se todos os "acontecimentos imaginosos" são o resultado dessa interiorização violenta, segue-se que o relato genealógico será um desses acontecimentos, um efeito narrativo da narrativa que ele busca contar. O desmascaramento da narrativa é o seu remascaramento – inevitavelmente. Na verdade, parece que a própria criatividade que procuramos opor à inibição da força depende fundamentalmente dessa mesma inibição. Nesse sentido, a repressão parece subscrever ou garantir tanto o ser que promete quanto o escritor de ficção, incluindo as ficções conceituais como a genealogia. A unidade da vontade atribuída ao prometer é, em si, o *efeito* de uma repressão, um esquecimento, um não se lembrar das satisfações que parecem anteceder a repressão e que a repressão garante que não surgirão novamente.

Freud, narcisismo e regulação

Nesta última parte, gostaria de voltar ao problema da regulação social, não como atuante sobre a psique, mas como cúmplice na formação da psique e seu desejo. Para isso, proponho um desvio através de Freud; ficará claro como Nietzsche ressoa na consideração freudiana da consciência.

A postulação da primazia da repressão nos leva diretamente a Freud e à reconsideração do problema do castigo em relação à formação da consciência e da sujeição social. Se essa sujeição não é mecanicista, não é o simples efeito de uma internalização, como podemos entender o envolvimento psíquico com a sujeição de modo que o discurso da sujeição de si não se separe do problema da regulação social? Como o cultivo de um apego narcisista ao castigo pode ser o meio utilizado pelo poder da regulação social para explorar a exigência narcisista de autorreflexão – reflexão esta que é indiferente ao seu próprio acontecer?

Essa sugestão do narcisismo, acredito, já está presente em Nietzsche. O ideal ascético, entendido como uma vontade de nada, é uma maneira de interpretar todo sofrimento como culpa. Embora a culpa funcione para negar um tipo específico de objeto para as necessidades humanas, não pode destruir o caráter desejável dos seres humanos. De acordo com os ditames da culpa, então, "o homem podia *querer* algo – não importando no momento para que direção, com que fim, com que meio ele queria: *a vontade mesma estava salva*" (p. 149, III, 28).

Em sua análise da neurose, Freud pensa algo diferente: trata-se de uma espécie de apego libidinal a uma proibição que, não obstante, tolhe a gratificação libidinal. Na medida em que esse tolhimento constitui uma repressão, a repressão é sustentada pela libido que busca tolher. Na neurose, a regulação ética do impulso corporal torna-se o foco e o objetivo do próprio impulso. Aqui somos dados a entender um apego à sujeição que é formativo da estrutura reflexiva da própria sujeição. O impulso que seria negado é inadvertidamente *preservado* pela própria atividade de negação.

Podemos ouvir uma ressonância de Nietzsche quando Freud descreve como a libido passa pela censura da lei simplesmente para ressurgir como o afeto que sustenta essa lei. A repressão da libido deve sempre ser entendida como uma repressão investida pela libido. Por conseguinte, a libido não é de modo nenhum negada através da repressão, em vez disso, ela se torna o instrumento de sua própria sujeição. A lei repressiva não é externa à libido que reprime, mas reprime na medida em que a repressão se torna uma atividade libidinal. Além disso, as interdições morais, especialmente aquelas que se voltam contra o corpo, são elas mesmas sustentadas pela atividade corporal que visam cercear. O desejo de desejar é uma vontade de desejar justamente aquilo que forcluirá o desejo, ainda que pela simples possibilidade de continuar a desejar. Esse desejo pelo desejo é explorado no processo de regulação social, pois se os termos pelos quais adquirimos reconhecimento social para nós mesmos são aqueles pelos quais somos regulados e ganhamos existência social, então a afirmação da existência implica render-se à subordinação – uma ligação lamentável. Uma série de especulações oferecidas por Freud sobre a repressão da homossexualidade e a formação da consciência e da cidadania sem querer acaba deixando claro como exatamente esse narcisista apego ao apego é explorado por mecanismos de regulação social. Em "Sobre o mecanismo da paranoia", Freud faz uma ligação entre a repressão das tendências homossexuais e a produção do sentimento social. No final do ensaio, ele observa que "as tendências homossexuais" ajudam a constituir "os instintos sociais, representando assim a contribuição do erotismo à amizade, à camaradagem, ao sentido comunitário e ao amor pelos seres humanos em geral".[15] Podemos dizer que, no final do ensaio "Introdução ao narcisismo", Freud descreve a lógica dessa produção do sentimento social. O "ideal do Eu", escreve ele, tem um lado social: "é também o ideal comum de uma família, uma classe, uma nação. Liga não apenas a libido narcísica, mas também um montante considerável da libido homossexual de uma pessoa, que por essa via retorna ao Eu. A insatisfação pelo não cumprimento desse ideal libera libido homossexual, que se transforma em consciência de culpa (angústia social)".[16] Essa transformação

---

[15] FREUD, Sigmund. "On the Mechanism of Paranoia", terceira seção de "Psycho-Analytic Notes on an Autobiographical Account of a Case of Paranoia (Dementia Paranoides)". In: *The Standard Edition of the Complete Psychological Works of Sigmund Freud*. Tradução para o inglês de James Strachey. Londres: Hogarth, 1953-1974, v. 12, p. 31. [Edição brasileira: Observações psicanalíticas sobre um caso de paranoia relatado em autobiografia. In: *Observações psicanalíticas sobre um caso de paranoia (dementia paranoides) relatado em autobiografia ("O caso Schreber"), artigos sobre técnica e outros textos (1911-1913)*. Tradução de Paulo César de Souza. São Paulo: Companhia das Letras, 2010. (Obras Completas, v. 10). E-book, sem paginação.]

[16] FREUD, Sigmund. On Narcissism: An Introduction. In: *Standard Edition*, v. 14, p. 73-104. [Edição brasileira: Introdução ao narcisismo.

da homossexualidade em culpa e, com isso, em base do sentimento social ocorre quando o medo do castigo dos pais se generaliza como o temor de perder o amor dos semelhantes. A paranoia é o modo como esse amor é sempre e consistentemente reimaginado como quase recolhido, e é, paradoxalmente, o medo de perder esse amor que motiva a sublimação ou introversão da homossexualidade. Aliás, essa sublimação não é tão instrumental quanto pode parecer, pois não é que o sujeito renegue a homossexualidade a fim de ganhar o amor dos semelhantes, mas sim que só é possível alcançar e conter uma certa homossexualidade *por meio* dessa renegação.

Isso também fica claro quando Freud discute a formação da consciência em *O mal-estar da civilização*, de onde se conclui que a proibição da homossexualidade representada ou articulada pela consciência funda e constitui a própria consciência como fenômeno psíquico. A proibição contra o desejo é esse mesmo desejo na medida em que se volta sobre si mesmo, e essa volta sobre si mesmo torna-se o próprio começo, a própria ação do que se designa entitativo pelo termo "consciência".

Freud escreve em *O mal-estar da civilização*: "a consciência (mais corretamente: o medo que depois se torna consciência) é causa da renúncia instintual, mas depois se inverte a relação. Toda renúncia instintual torna-se uma fonte dinâmica da consciência, toda nova renúncia aumenta o rigor e a intolerância desta".[17]

De acordo com Freud, então, os imperativos que a consciência impõe a si mesma, que caracterizam a rota circular

---

In: *Introdução ao narcisismo, Ensaios de metapsicologia e outros textos (1914-1916)*. Tradução de Paulo César de Souza. São Paulo: Companhia das Letras, 2010. (Obras Completas, v. 12).]

[17] FREUD, Sigmund. *Civilization and Its Discontents*. Tradução para o inglês de James Strachey. Nova York: Norton, 1977, p. 84. [Edição brasileira: *O mal-estar na civilização*. Tradução de Paulo César de Souza. São Paulo: Companhia das Letras, 2011, p. 74-75.]

da consciência, são seguidos e aplicados precisamente por agora serem o local da própria satisfação que eles buscam proibir. Em outras palavras, a proibição torna-se a ocasião para reviver o instinto sob a rubrica da lei condenadora. A proibição reproduz o desejo proibido e se intensifica por meio das renúncias que efetua. O "pós-morte" do desejo proibido acontece por meio da própria proibição, na medida em que ela não só sustenta o desejo que ela obriga o sujeito a renunciar, mas também é sustentada por ele. Nesse sentido, portanto, a renúncia ocorre por meio do próprio desejo que é renunciado: o desejo *nunca* é renunciado, mas se preserva e se reafirma na própria estrutura da renúncia.

Esse exemplo nos leva de volta ao tropo com o qual começamos, a figura da consciência que se volta sobre si mesma como se fosse um corpo recolhido sobre si mesmo, que se encolhe diante do pensamento de seu desejo, para quem o desejo é sintomatizado como essa postura de recuo. A consciência é assim representada como um corpo que se assume como seu objeto, forçado a uma postura permanente de narcisismo negativo ou, mais precisamente, uma autocensura nutrida narcisisticamente (e assim, erroneamente, identificada com um *estágio* narcisista).

Como último comentário, consideremos como os esforços contemporâneos para regular a homossexualidade dentro das Forças Armadas dos Estados Unidos são, eles mesmos, a formação reguladora do sujeito masculino, um sujeito que consagra sua identidade por meio da *renúncia* como um ato de fala: dizer "eu sou homossexual" é aceitável desde que eu também *prometa* que "não pretendo agir".[18] Essa

---

[18] Butler se refere aqui a uma política de restrição realizada durante o governo Bill Clinton para regular a homossexualidade no Exército dos Estados Unidos, revogada em 2010. A política proibia qualquer pessoa que demonstrasse a intenção de se envolver em "atos homossexuais" de servir nas Forças Armadas, e ficou conhecida como "Don't Ask, Don't Tell" (Não Pergunte, Não Conte). (N.T.)

supressão e sustentação da homossexualidade na postura circular e por meio dela, pela qual o corpo profere sua própria renúncia, consente com sua regulação mediante a promessa. Mas essa declaração performativa, não importa como seja forçada, estará sujeita à infelicidade, a falar de outro modo, a declamar apenas metade da frase, a deformar a promessa, a reformular a confissão como uma provocação, a permanecer em silêncio. Essa oposição vai se alimentar do poder que lhe é imposto e se opor a ele, e esse curto-circuito do poder regulador constitui a possibilidade de um gesto *pós-moral* rumo a uma liberdade menos regular, uma liberdade que questione os valores da moral desde a perspectiva de um conjunto de valores menos codificáveis.

Sujeição, resistência, ressignificação[19]
Entre Freud e Foucault

> *Meu problema é essencialmente a definição dos sistemas implícitos nos quais nos encontramos prisioneiros; o que eu gostaria de entender é o sistema de limites e exclusão que praticamos sem saber; eu gostaria de tornar aparente o inconsciente cultural.*
>
> Foucault, "Rituals of Exclusion"

Consideremos, em *Vigiar e punir*, o caráter paradoxal do que Foucault descreve como a subjetivação do prisioneiro. O termo "subjetivação" traz em si o paradoxo: o *assujettissement* denota tanto o devir do sujeito quanto o processo de sujeição – só se habita a figura da autonomia sujeitando-se a um poder, uma sujeição que implica uma dependência radical. Para Foucault, esse processo de subjetivação ocorre, de maneira central, através do corpo. Em *Vigiar e punir*, o corpo do prisioneiro não aparece apenas como signo de culpa e transgressão, como a corporificação do proibir e a sanção para rituais de normalização; esse corpo é enquadrado e formado

---

[19] Este ensaio foi publicado anteriormente em RAJCHMAN, John (Org.). *The Question of Identity*. Nova York: Routledge, 1995.

pela matriz discursiva de um sujeito jurídico. A afirmação de que um discurso "forma" o corpo não é nada simples, e precisamos começar por distinguir como esse "formar" não é a mesma coisa que "causar" ou "determinar", muito menos uma ideia de que os corpos, de algum modo, são feitos do discurso puro e simples.[20]

Foucault sugere que o prisioneiro não é regulado por uma relação *exterior* de poder, segundo a qual as instituições tomam como alvo de seus objetivos de subordinação um indivíduo preexistente. Pelo contrário, o indivíduo se forma – ou melhor, formula-se – como prisioneiro por meio de sua "identidade" constituída discursivamente. A sujeição, é, literalmente, a *feitura* de um sujeito, o princípio de regulação segundo o qual um sujeito é formulado ou produzido. Essa sujeição é um tipo de poder que não só unilateralmente *age sobre* determinado indivíduo como uma forma de dominação, mas também *ativa* ou forma o sujeito. Portanto, a sujeição não é simplesmente a dominação de um sujeito nem sua produção – ela também designa um certo tipo de restrição *na* produção, uma restrição sem a qual é impossível acontecer a produção do sujeito, uma restrição pela qual essa produção acontece. Embora Foucault tente argumentar algumas vezes que o poder historicamente *jurídico* – o poder que age sobre os sujeitos preexistentes e os subordina – *precede* o poder produtivo, a capacidade que tem o poder de *formar* sujeitos, com o prisioneiro fica claro que o sujeito produzido e o sujeito regulado ou subordinado são a mesma coisa, e a produção compulsória é a sua própria forma de regulação.

Foucault faz um alerta contra aqueles que fazem parte da tradição liberal e que considerariam libertar o prisioneiro dos limites opressivos da prisão, pois a sujeição representada

---

[20] Na discussão que proponho a seguir, tomo algumas ideias do primeiro capítulo do meu *Bodies That Matter* e as amplio. Ver BUTLER, Judith. *Bodies That Matter: On the Discursive Limits of "Sex"*. Nova York: Routledge, 1993, p. 33-36.

pela instituição exterior da prisão não é independente da invasão e da gestão do corpo do prisioneiro: isso é o que Foucault descreve como o pleno cerco e a invasão desse corpo pelas práticas significantes da prisão – a saber, a inspeção, a confissão, a regularização e normalização dos movimentos e gestos corporais, os regimes disciplinares do corpo que levaram as feministas a ler Foucault para elaborar uma teoria da produção disciplinar do gênero.[21] A prisão, desse modo, age sobre o corpo do prisioneiro, mas o faz obrigando-o a se aproximar de um ideal, de uma norma de comportamento, de um modelo de obediência. É assim que a individualidade do prisioneiro se torna coerente, totalizada, que se converte na posse discursiva e conceitual da prisão; é, como afirma Foucault, dessa forma que ele se torna "o princípio de sua própria sujeição".[22] Esse ideal normativo inculcado no prisioneiro, por assim dizer, é um tipo de identidade psíquica, ou o que Foucault chamará de "alma". Como a alma tem um efeito encarcerador, Foucault afirma que o prisioneiro é submetido "de uma maneira mais fundamental" do que a do espaço físico do cárcere representado pela prisão. No que cito a seguir, aliás, a alma é considerada ela mesma um cativeiro físico, uma espécie de prisão, que possibilita a forma exterior ou o princípio regulador do corpo do prisioneiro. Isso fica claro quando Foucault afirma que "o homem de que nos falam e que nos convidam a liberar já é em si mesmo o efeito de uma sujeição [*assujettissement*] bem mais profunda que ele [...] a alma, prisão do corpo" (p. 29).

---

[21] Ver BARTKY, Sandra. *Femininity and Domination*. Nova York: Routledge, 1990.
[22] FOUCAULT, Michel. *Discipline and Punish: The Birth of the Prison*. Nova York: Pantheon, 1977, p. 203; *Surveiller et punir: naissance de la prison*. Paris: Gallimard, 1975, p. 202. [Edição brasileira: *Vigiar e punir: nascimento da prisão*. Tradução de Raquel Ramalhete. 20. ed. Petrópolis: Vozes, 1987, p. 168.] Doravante citado no texto como *Vigiar e punir*, com a paginação referindo-se à edição brasileira.

Por mais que, nesse ponto, Foucault se refira especificamente à subjetivação do prisioneiro, ele também parece privilegiar a metáfora da prisão para teorizar a subjetivação do corpo. Como devemos entender o encarceramento e a invasão como figuras privilegiadas utilizadas por Foucault para articular o processo da subjetivação, a produção discursiva de identidades? Se o discurso produz identidade ao prover e impor um princípio regulador que invade completamente o indivíduo, totaliza-o e o torna coerente, então parece que toda "identidade", na medida em que é totalizadora, age precisamente como uma "alma que encarcera o corpo". Em que sentido essa alma é "bem mais profunda" que o próprio prisioneiro? Isso significa que a alma preexiste o corpo que a anima? Como podemos entender tal afirmação no contexto da teoria foucaultiana do poder?

Em vez de responder a essa pergunta diretamente, podemos, para fins de esclarecimento, contrapor a "alma", que Foucault considera uma estrutura encarceradora, à psique no sentido psicanalítico.[23] Na psique, o ideal do sujeito corresponde ao ideal do Eu, ao qual o Supereu consulta, por assim dizer, para avaliar o Eu. Lacan redefine esse ideal como a "posição" do sujeito dentro do simbólico, a norma que instala o sujeito dentro da linguagem e, portanto, dentro dos esquemas disponíveis de inteligibilidade cultural. Esse ser viável e inteligível, esse sujeito, é sempre produzido a um custo, e tudo aquilo que resiste à exigência normativa pela qual os indivíduos são instituídos permanece inconsciente. A psique, desse modo, que inclui o inconsciente, é muito diferente do sujeito: a psique é justamente o que excede os efeitos encarceradores da exigência discursiva de habitar uma identidade coerente, de se tornar um sujeito coerente. A psique é o que resiste à regularização que Foucault atribui aos discursos

---

[23] É importante distinguir entre a noção de psique, que inclui a noção de inconsciente, e a noção de sujeito, cuja formação é condicionada pela exclusão do inconsciente.

normalizadores. A ideia é que esses discursos encarceram o corpo *na alma*, animam o corpo e o encerram dentro dessa estrutura ideal, e, nesse sentido, reduzem a noção de psique às operações de um ideal de normalização e estruturação externas.[24] Esse gesto foucaultiano parece tratar a psique como se ela recebesse unilateralmente o efeito do simbólico lacaniano. A reconsideração da alma como uma estrutura exterior e encarceradora do corpo desocupa, por assim dizer, a interioridade do corpo, transformando essa interioridade numa superfície maleável para os efeitos unilaterais do poder disciplinar.

Estou me aproximando um pouco de uma crítica psicanalítica a Foucault, pois acredito ser impossível explicar a subjetivação e, em particular, tornar-se o princípio de sua própria sujeição sem recorrer a um relato psicanalítico dos efeitos formativos ou geradores da restrição ou da proibição. Além disso, não podemos pensar de modo completo a formação do sujeito – se é que, de algum modo, ela pode ser pensada – sem recorrermos a um conjunto de restrições fundadoras que, paradoxalmente, também são facilitadoras. No entanto, ao elaborar esta crítica, faço uma análise crucial de algumas concepções românticas que definem o inconsciente como uma resistência necessária, e esse movimento crítico implicará o ressurgimento de uma perspectiva foucaultiana

---

[24] Para uma discussão extensa e rica sobre o funcionamento das normas na subjetivação, e, em particular, sobre como devemos entender as normas como ações transitivas, ver MACHEREY, Pierre. Towards a Natural History of Norms. In: ARMSTRONG, Timothy J. (Org.). *Michel Foucault/Philosopher.* Tradução para o inglês de Timothy J. Armstrong. Nova York: Routledge, 1992, p. 176-191. No mesmo volume, para uma discussão sobre os escritos de Foucault que se referem indiretamente a Lacan, ver MILLER, Jacques-Alain. Michel Foucault and Psychoanalysis, p. 58-63. Sobre o problema da relação dinâmica entre as exigências éticas e a subjetividade a que se destinam, ver a discussão comparativa e muito útil sobre Foucault e Lacan em RAJCHMAN, John. *Truth and Eros: Foucault, Lacan, and the Question of Ethics.* Nova York: Routledge, 1991.

dentro da psicanálise. A questão de haver ou não uma psicanálise suprimida em Foucault – questão que ele mesmo levanta quando se refere a um "inconsciente cultural", como visto na epígrafe deste capítulo – pode ser suscitada mais precisamente como o problema de localizar ou explicar a resistência. Na formação disciplinar do sujeito ou em relação a ela, onde a resistência tem lugar? Poderíamos dizer que reduzir o amplo conceito psicanalítico de psique à alma que encarcera é o mesmo que eliminar a possibilidade de resistir à normalização e à formação do sujeito, uma resistência que surge precisamente da incomensurabilidade entre psique e sujeito? Como entenderíamos essa resistência? O processo desse entendimento implicaria reconsiderar criticamente a psicanálise?

No que se segue, farei duas perguntas diferentes, uma relacionada a Foucault e outra à psicanálise (aplicando o termo alternadamente a Freud e a Lacan).[25] Primeiro, se Foucault entende a psique como um efeito encarcerador a serviço da normalização, como ele pôde explicar a resistência psíquica à normalização? Segundo, considerando que alguns defensores da psicanálise argumentam que a resistência à normalização é uma função do inconsciente, será essa garantia de resistência psíquica apenas uma prestidigitação? Mais precisamente, a resistência sobre a qual a psicanálise insiste é produzida social e discursivamente, ou é uma espécie de resistência à produção social e discursiva *como tais*, um enfraquecimento delas? Consideremos a ideia de que o inconsciente, sempre e exclusivamente, resiste à normalização, que cada ritual de conformidade com as injunções da civilização tem um custo, e que, desse modo, acaba sendo produzido um resíduo desatrelado e não socializado que contesta a aparição do sujeito cumpridor das leis. Esse resíduo psíquico significa os limites da normalização. Essa posição não quer dizer que tal resistência exerça o poder de retrabalhar ou rearticular os termos

---

[25] Não estou sugerindo que a psicanálise seja representada apenas por essas duas figuras, mas, nesta análise, será.

da exigência discursiva, as injunções disciplinares pelas quais se dá a normalização. Tolher a injunção para produzir um corpo dócil não é o mesmo que desmantelá-la ou alterar os termos da constituição do sujeito. Se o inconsciente – ou a psique, em sentido amplo – é definido como resistência, como entendemos os apegos inconscientes à sujeição, que subentendem que o inconsciente está tão pouco livre do discurso normalizador quanto o sujeito? Se o inconsciente escapa de uma determinada injunção normativa, a que outra injunção ele estabelece um apego? O que nos faz pensar que o inconsciente é menos estruturado pelas relações de poder que permeiam os significantes culturais do que a linguagem do sujeito? Se encontrarmos um apego à sujeição no nível do inconsciente, que tipo de resistência é possível construir a partir disso?

Mesmo se admitirmos que a resistência inconsciente a uma injunção normalizadora garante o fracasso dessa injunção de constituir plenamente seu sujeito, essa resistência age de alguma maneira para alterar ou expandir as injunções ou interpelações que dominam na formação do sujeito? O que podemos concluir de uma resistência que só tem a solapar os termos simbólicos – usando o linguajar lacaniano – pelos quais os sujeitos se constituem, pelos quais a sujeição se instala na própria formação do sujeito, mas que não parece ter nenhum poder para rearticulá-los? Essa resistência determina que todo esforço de produzir um sujeito por meios disciplinares não se completa, mas continua incapaz de rearticular os termos dominantes do poder produtivo.

Antes de continuar esse questionamento da psicanálise, retornemos ao problema dos corpos em Foucault. Como e por que a resistência é negada aos corpos produzidos por regimes disciplinares? Em que consiste essa concepção de produção disciplinar? Essa concepção é tão eficaz quanto Foucault parece indicar? No último capítulo do primeiro volume de *História da sexualidade*, Foucault recomenda uma "história dos corpos" que investigue "a maneira como se investiu sobre o que neles há de mais material, de mais vivo".[26] Nessa formulação, ele sugere que o poder age não só *sobre* o corpo, mas também *dentro* do corpo, que o poder não só produz os limites do sujeito, mas também permeia sua interioridade. Com isso, o corpo parece ter um "interior" que existe antes da invasão do poder. Mas dada a exterioridade radical da alma, como podemos entender "interioridade" em Foucault?[27] O que essa interioridade pode ser se não é a alma, tampouco a psique? Seria o espaço de uma maleabilidade pura, que estaria, por assim dizer, pronta para se ajustar às exigências da socialização? Ou chamamos essa interioridade simplesmente de corpo? Chegamos ao ponto paradoxal em que Foucault afirma a alma como forma exterior e o corpo como espaço interior?

Por mais que Foucault, em algumas ocasiões, não acredite na possibilidade de um corpo produzido fora das relações de poder, às vezes suas explicações exigem que um corpo mantenha uma materialidade ontologicamente distinta das relações de poder que o tomam como lugar de investimento.[28] Na verdade, o termo "lugar" aparentemente surge nessa frase sem nenhuma garantia, pois qual é a relação entre o

---

[26] FOUCAULT, Michel. *The History of Sexuality, Volume 1: An Introduction*. Tradução para o inglês de Robert Hurley. Nova York: Vintage, 1978, p. 152; *Histoire de la sexualité 1: volonté de savoir*. Paris: Gallimard, 1978, p. 200. [Edição brasileira: *História da sexualidade 1: a vontade de saber*. Tradução de Maria Thereza da Costa Albuquerque e J. A. Guilhon Albuquerque. 13. ed. Rio de Janeiro: Graal, 1999, p. 146.] Doravante citado no texto como *História da sexualidade 1*, com a paginação referindo-se à edição brasileira.

[27] Essa questão é proposta de uma maneira diferente por Charles Taylor quando ele pergunta se há um lugar para a "interioridade" agostiniana em Foucault; ver o seu "Foucault on Freedom and Truth", em HOY, David Couzens (Org.). *Foucault: A Critical Reader*. Nova York: Blackwell, 1986, p. 99. Ela também é colocada de maneira interessante por William Connolly em *The Augustinian Imperative*. Newbury Park, CA: Sage Press, 1993.

[28] Ver o meu "Foucault and the Paradox of Bodily Inscriptions", *Journal of Philosophy*, v. 86, n. 11, p. 257-279, Nov. 1989.

corpo como *lugar* e os investimentos que esse lugar recebe ou suporta? O termo "lugar" estabiliza o corpo em relação a esses investimentos, ao mesmo tempo que desvia a questão de como os investimentos estabelecem, contornam e abalam o que a frase dá por certo como "lugar" do corpo (ou seja, o termo "lugar" desvia o projeto do "estágio de espelho" de Lacan)? O que constitui um "investimento" e qual é o seu poder constitutivo? Teria ele uma função de visualização, e poderíamos entender a produção do Eu corporal em Freud como a modalidade projetada ou espacializada de tais investimentos?[29] Aliás, em que medida o lugar do corpo é estabilizado por meio de uma certa instabilidade projetiva, que Foucault não descreve totalmente e que talvez o envolvesse na problemática do eu como função imaginária?

Em *Vigiar e punir*, Foucault oferece uma configuração diferente da relação entre materialidade e investimento. Nesse livro, a alma é definida como instrumento de poder pelo qual o corpo é cultivado e formado. Em certo sentido, funciona como um esquema carregado de poder que produz e efetiva o corpo. Podemos entender as referências de Foucault à alma como uma reelaboração implícita da formulação aristotélica, na qual a alma é entendida como a forma e o princípio da matéria do corpo.[30] Foucault argumenta em *Vigiar e punir* que a alma se torna um ideal normativo e normalizador segundo o qual o corpo é treinado, moldado, cultivado e investido; é

---

[29] Ver as discussões sobre o Eu corporal em FREUD, Sigmund. The Ego and the Id. In: *The Standard Edition of the Complete Psychological Works of Sigmund Freud*. Tradução para o inglês de James Strachey. Londres: Hogarth, 1953-1974, v. 19, p. 26. [Edição brasileira: O Eu e o Id. In: *O eu e o Id, "Autobiografia" e outros textos (1923-1925)*. Tradução de Paulo César de Souza. São Paulo: Companhia das Letras, 2011. (Obras Completas, v. 16).] Ver também WHITFORD, Margaret. *Luce Irigaray: Philosophy in the Feminine*. Londres: Routledge, 1991, p. 53-74.

[30] Para uma explicação mais completa de como Foucault reelabora as ideias de Aristóteles, ver "Bodies that Matter" em meu *Bodies that Matter*, p. 32-36.

um ideal imaginário historicamente específico [*idéal spéculatif*] sob o qual o corpo se materializa.

Essa "sujeição" ou *assujettissement* não é apenas uma subordinação, mas uma garantia e manutenção, uma instalação do sujeito, uma subjetivação. A "alma o leva [o prisioneiro] à existência"; assim como em Aristóteles, a alma, como instrumento de poder, forma e enquadra o corpo, imprime-o, e, ao imprimi-lo, torna-o existente. Nessa formulação, não há corpo fora do poder, pois a materialidade do corpo – aliás, a própria materialidade – é produzida pelo investimento do poder e numa relação direta com ele. A materialidade da prisão, escreve Foucault, é estabelecida na medida em que [*dans la mesure où*] é instrumento e vetor de poder.[31] Por conseguinte, a prisão é *materializada* na medida em que é *investida de poder*. Para ser gramaticalmente precisa, não há prisão anterior à sua materialização; sua materialização e sua investidura com relações de poder são coincidentes; e a materialidade é o efeito e a dimensão desse investimento. A prisão só existe dentro do campo das relações de poder – mais especificamente, apenas na medida em que está saturada dessas relações e que essa saturação é formativa de seu próprio ser. Nesse contexto, o corpo – do prisioneiro e da prisão – não é uma materialidade independente, uma superfície ou um lugar estático que um investimento posterior viria marcar, significar ou permear; para o corpo, materialização e investidura são coincidentes.

Embora a alma seja entendida em *Vigiar e punir* como quadro do corpo, Foucault sugere que a produção do "sujeito", em certa medida, ocorre através da subordinação e até mesmo da destruição do corpo. Em "Nietzsche, a genealogia, a história", Foucault observa que o sujeito como "unidade dissociada" só surge através da destruição do corpo: "o corpo:

---

[31] "O que estava em jogo não era o quadro rude demais ou ascético demais, rudimentar demais ou aperfeiçoado demais da prisão, era sua materialidade na medida em que ele é instrumento e vetor de poder" (FOUCAULT. *Vigiar e punir*, p. 29).

superfície de inscrição dos acontecimentos (enquanto a linguagem os marcam e as ideias os dissolvem), lugar de dissociação do eu (ao qual ele tenta atribuir a ilusão de uma unidade substancial), volume em perpétua pulverização".[32] O sujeito aparece à custa do corpo, uma aparição condicionada na relação inversa ao desaparecimento do corpo. O sujeito não só efetivamente toma o lugar do corpo, mas também age como a alma que enquadra e forma o corpo em cativeiro. Aqui, a função de formação e enquadramento dessa alma exterior funciona contra o corpo; na verdade, pode ser entendida como a sublimação do corpo em consequência do deslocamento e da substituição.

Ao redefinir assim o corpo no pensamento de Foucault, aventurei-me claramente no vocabulário psicanalítico da sublimação. Já que estou aqui, colocarei uma questão para retornarmos à problemática da sujeição e da resistência. Se o corpo é subordinado, e até certo ponto destruído, na medida em que surge o si-mesmo, e se esse surgimento pode ser interpretado como a sublimação do corpo, e o si-mesmo como a forma fantasmagórica do corpo, existe alguma parte do corpo que não seja preservada na sublimação, alguma parte do corpo que permaneça sem ser sublimada?

Eu diria que, para o sujeito, esse resíduo corporal sobrevive no modo de já ter sido destruído, quiçá sempre destruído, em uma espécie de perda constitutiva. O corpo não é um lugar onde acontece uma construção; é uma destruição em cuja ocasião o sujeito é formado. A formação desse sujeito é, ao mesmo tempo, o enquadramento, a subordinação e a regulação do corpo, e o modo como essa destruição é preservada (no sentido de sustentada e embalsamada) *na* normalização.

---

[32] Ver FOUCAULT, Michel. Nietzsche, Genealogy, History. In: RABINOW, Paul. *The Foucault Reader*. Nova York: Pantheon, 1984. [Edição brasileira: Nietzsche, a genealogia, a história. In: *Ditos e escritos II*. Tradução de Elisa Monteiro. Rio de Janeiro: Forense Universitária, 2008, p. 260-281.]

Desse modo, se agora devemos entender o corpo como aquilo que não só constitui o sujeito em seu estado dissociado e sublimado, mas que também excede ou resiste a qualquer esforço de sublimação, como podemos entender esse corpo que é, por assim dizer, negado ou reprimido para que o sujeito possa viver? Poderíamos esperar que o corpo retornasse num estado selvagem não normalizável, e há momentos em Foucault em que algo parecido realmente acontece. Mas, na maioria dos casos, a possibilidade de subversão ou resistência aparece, no pensamento de Foucault, de duas maneiras: (a) durante uma subjetivação que excede os objetivos normalizadores que a impulsionam, por exemplo, no "discurso reverso", ou (b) pela convergência com outros regimes discursivos, momento em que a complexidade discursiva produzida inadvertidamente solapa os objetivos teleológicos da normalização.[33] Assim, a resistência aparece como efeito do poder, como parte do poder, como subversão dele mesmo.

Na teorização da resistência, surge certo problema relacionado à psicanálise e, por implicação, aos limites da subjetivação. Para Foucault, o sujeito que é produzido através da sujeição não é produzido em sua totalidade instantaneamente. Em vez disso, está em processo de produção, é produzido repetidamente (o que não significa ser produzido de uma forma nova repetidas vezes). É precisamente a possibilidade de uma repetição que não consolida essa unidade dissociada, o sujeito, mas que prolifera efeitos que debilitam a força da normalização. O termo que não só designa, mas também forma e enquadra o sujeito – pensemos no exemplo de Foucault de homossexualidade – impulsiona um discurso inverso contra o próprio regime de normalização pelo qual é gerado. Não se trata, é claro, de uma oposição pura, pois a mesma "homossexualidade" será empregada primeiro a serviço da

---

[33] Ver PATHAK, Zakia; RAJAN, Rajeswari Sunder. Shahbano. In: BUTLER, Judith; SCOTT, Joan (Org.). *Feminists Theorize the Political*. Nova York: Routledge, 1992, p. 257-279.

heterossexualidade normalizadora e só depois a serviço de sua própria despatologização. Há um risco de o termo conservar o primeiro significado no segundo. Mas seria um erro pensar que só de pronunciá-lo o sujeito transcenderia a normalização heterossexual ou se tornaria instrumento dela.

O risco de renormalização está sempre presente: considere a pessoa que revela sua homossexualidade "saindo do armário" de modo provocativo e simplesmente escuta a seguinte resposta: "Ah, sim, então você é isso e apenas isso". Tudo que a pessoa disser será reinterpretado como uma manifestação sutil ou evidente de sua homossexualidade essencial. (Não devemos subestimar o quanto cansa a expectativa dos outros para que tenhamos nossa homossexualidade exposta o tempo todo, seja a expectativa oriunda de gays e lésbicas amigos ou de seus inimigos.) Aqui Foucault cita e reelabora a possibilidade de ressignificar, de mobilizar politicamente o que Nietzsche, em *Genealogia da moral*, chamou de "cadeia de signos". Nietzsche argumenta que os usos aos quais originalmente se atribui determinado signo são totalmente diferentes dos usos para os quais ele se torna disponível depois. Essa lacuna temporal entre os usos abre a possibilidade de uma inversão de significado, mas também abre caminho para a inauguração de possibilidades significativas que vão além daquelas a que o termo foi previamente vinculado.

Desse modo, o sujeito foucaultiano nunca está totalmente constituído na sujeição, mas nela se constitui repetidamente; e é na possibilidade de uma repetição que se repete contra sua origem que a sujeição adquire seu poder involuntariamente habilitador. De uma perspectiva psicanalítica, no entanto, podemos perguntar se essa possibilidade de resistência a um poder constitutivo ou subjetivador pode ser derivada do que está "no" discurso ou é "do" discurso. Como entendemos o modo como os discursos não só constituem os campos do dizível, mas são eles mesmos limitados pela produção de um exterior constitutivo: o indizível, o insignificável?

Do ponto de vista lacaniano, poderíamos perfeitamente perguntar se os efeitos da psique se esgotam no que pode ser significado ou se não existe, em contraste com esse corpo significante, um campo psíquico que contesta a legibilidade. Se, de acordo com os psicanalistas, o sujeito não equivale à psique da qual ele surge, e se, para Foucault, o sujeito não equivale ao corpo do qual ele surge, então talvez, em Foucault, o corpo tenha substituído a psique – isto é, como o que ultrapassa e perturba as injunções da normalização. Trata-se de um corpo pura e simplesmente, ou "o corpo" acaba por representar determinada operação da psique, que é claramente distinta da alma representada como efeito encarcerador, talvez até diretamente oposta a ela? Talvez o próprio Foucault tenha investido o corpo de um significado psíquico que não consegue explicar nos termos que usa. Na teoria foucaultiana e psicanalítica, de que modo o processo de subjetivação, a produção disciplinar do sujeito, entra em colapso (se é que o faz)? De onde vem esse fracasso e quais são suas consequências?

Consideremos a ideia de interpelação em Althusser, segundo a qual o sujeito se constitui ao ser chamado, abordado, nomeado.[34] De modo geral, parece que Althusser acreditava que essa exigência social – poderíamos chamá-la de injunção simbólica – na realidade produzia os tipos de sujeito que nomeava. Ele dá o exemplo do policial na rua que grita "Ei, você aí!", e conclui que esse chamado, de maneira importante, constitui a pessoa que é abordada e situada. A cena é claramente disciplinar; o chamado do policial é um esforço para recolocar alguém na linha. No entanto, também podemos compreendê-lo em termos lacanianos como o chamado da constituição simbólica. Como afirma o próprio Althusser, esse esforço performativo de nomeação só pode *tentar* dar origem ao interpelado: sempre

---

[34] ALTHUSSER, Louis. Ideology and Ideological State Apparatuses (Notes Towards an Investigation). In: *Lenin and Philosophy and Other Essays*. Tradução para o inglês de Ben Brewster. Nova York: Monthly Review Press, 1971, p. 170-177. [Edição brasileira: Ideologia e Aparelhos Ideológicos de Estado (notas para uma investigação). In: ŽIŽEK, Slavoj (Org.). *Um mapa da ideologia*. Tradução de Vera Ribeiro. Rio de Janeiro: Contraponto, 1996, p. 105-142.]

existe o risco do *desconhecimento*. Se o esforço de produzir o sujeito não é reconhecido, a própria produção vacila. Quem é chamado pode não ouvir, entender mal o chamado, virar para o outro lado, responder a outro nome, insistir para não ser abordado daquela maneira. Na verdade, Althusser delimita o campo imaginário precisamente como aquele que torna possível o *desconhecimento*. Quando um nome é chamado e tenho certeza de que é o meu, mas não é. Quando um nome é chamado e tenho certeza de que é o meu, mas a voz é incompreensível, ou pior, é alguém que tosse, ou pior, é um radiador cujo som, por um instante, assemelha-se a uma voz humana. Ou eu tenho certeza de que ninguém percebeu minha transgressão, e que não é meu nome que está sendo chamado, mas apenas um transeunte que tosse, ou o som alto do mecanismo de aquecimento – mas é meu nome, e, no entanto, não me reconheço no sujeito que o nome instaura naquele momento.[35]

Consideremos a força dessa dinâmica de interpelação e desconhecimento quando o nome não é um nome próprio, mas uma categoria social,[36] e, portanto, um significante capaz de ser interpretado de várias maneiras divergentes e conflitantes. O chamado "mulher", "judia", "queer", "preta" ou "chicana" pode ser ouvido ou interpretado como afirmação ou insulto, dependendo do contexto em que ocorre (e contexto, aqui, é a historicidade e a espacialidade efetivas do signo). Na maioria dos casos em que um nome assim é chamado, a pessoa hesita sem saber como responder ou se deve responder, pois o que está em jogo é se a totalização temporária realizada pelo nome é politicamente facilitadora ou paralisante, se a forclusão – aliás, a violência – da redução totalizadora da identidade

---

[35] Um excelente livro que se apropria dessa problemática de Althusser e a leva para o feminismo é RILEY, Denise. *"Am I That Name?"*: *Feminism and the Category of 'Women' in History*. Minneapolis: University of Minnesota Press, 1988.

[36] Sobre a interpelação social do nome próprio, ver ŽIŽEK, Slavoj. *The Sublime Object of Ideology*. Londres: Verso, 1989, p. 87-102.

realizada por aquele chamado específico é politicamente estratégica ou regressiva ou, se paralisante e regressiva, também facilitadora de alguma maneira.

O uso que Althusser faz da teoria lacaniana concentra-se na função do imaginário como possibilidade permanente do *desconhecimento*, ou seja, a incomensurabilidade entre a exigência simbólica (o nome que é interpelado) e a instabilidade e imprevisibilidade de sua apropriação. Se o objetivo do nome interpelado é consumar a identidade a que se refere, ele começa como um processo performativo que acaba descarrilado no imaginário, pois o imaginário certamente se preocupa com a lei, é estruturado por ela, mas não lhe obedece diretamente. Para os lacanianos, então, o imaginário significa a impossibilidade da constituição discursiva – isto é, simbólica – da identidade. A identidade jamais será plenamente totalizada pelo simbólico, pois o que ele não põe em ordem surge no imaginário como uma desordem, um lugar onde a identidade é contestada.

Desse modo, seguindo uma linha lacaniana, Jacqueline Rose formula o inconsciente como aquilo que tolhe todo esforço do simbólico de constituir, de modo pleno e coerente, a identidade sexuada, um inconsciente indicado pelos atos falhos e pelas lacunas que caracterizam o funcionamento do imaginário na linguagem. Cito uma passagem que ajudou muitos de nós que procuraram na psicanálise um princípio de resistência a formas determinadas da realidade social:

> O inconsciente revela constantemente o "fracasso" da identidade. Como não existe continuidade da vida psíquica, não existe estabilidade da identidade sexual, tampouco uma posição que as mulheres (ou os homens) possam simplesmente alcançar. A psicanálise também não vê esse "fracasso" como uma incapacidade especial ou um desvio individual da norma. "Fracasso" não é um momento que se deva lamentar durante um processo de adaptação, ou do desenvolvimento em normalidade [...] "fracasso" é algo repetido e revivido indefinidamente, momento a momento, ao longo de nossas histórias indi-

viduais. Ele aparece não só no sintoma, mas também nos sonhos, nos lapsos de língua e nas formas de prazer sexual rechaçadas às margens da norma... há uma resistência à identidade no cerne da vida psíquica.[37]

Em *Vigiar e punir*, Foucault presume a eficácia da exigência simbólica, sua capacidade performativa de constituir o sujeito a quem nomeia. Em *História da sexualidade 1*, no entanto, há tanto a rejeição de "um lugar da grande Recusa" – que supostamente inclui em seu âmbito a psique, o imaginário ou o inconsciente – quanto a afirmação de múltiplas possibilidades de resistência possibilitadas pelo próprio poder. Para Foucault, a resistência não pode estar *fora* da lei em outro registro (o imaginário) ou naquilo que escapa ao poder constitutivo da lei.

> não existe, com respeito ao poder, um lugar da grande Recusa – alma da revolta, foco de todas as rebeliões, lei pura do revolucionário. Mas sim resistências, no plural, que são casos únicos: possíveis, necessárias, improváveis, espontâneas, selvagens, solitárias, planejadas, arrastadas, violentas, irreconciliáveis, prontas ao compromisso, interessadas ou fadadas ao sacrifício; por definição, não podem existir a não ser no campo estratégico das relações de poder. Mas isso não quer dizer que sejam apenas subproduto das mesmas, sua marca em negativo, formando, por oposição à dominação essencial, um reverso inteiramente passivo, fadado à infinita derrota.[38]

Essa última caricatura do poder, embora claramente escrita tendo Marcuse em mente, lembra o efeito da lei lacaniana, que produz seu próprio "fracasso" no nível da psique, mas que nunca pode ser deslocado ou reformulado por essa resistência psíquica. O imaginário tolhe a eficácia da

---

[37] ROSE, Jacqueline. *Sexuality in the Field of Vision*. Londres: Verso, 1987, p. 90-91.
[38] FOUCAULT. *História da sexualidade 1*, p. 91.

lei simbólica, mas não pode se voltar contra a lei, exigindo ou efetivando sua reformulação. Nesse sentido, a resistência psíquica tolhe a lei em seus efeitos, mas não pode redirecionar a lei ou seus efeitos. A resistência, portanto, está situada num campo que praticamente não tem poder nenhum para alterar a lei a que se opõe. Por conseguinte, a resistência psíquica presume a continuação da lei em sua forma anterior, a simbólica, e, nesse sentido, contribui para o seu *status quo*. Nessa perspectiva, a resistência parece condenada à derrota perpétua.

Em contraste, Foucault formula a resistência como efeito do poder ao qual ela se opõe. Essa insistência na dupla possibilidade de ser tanto *constituído* pela lei quanto *um efeito da resistência* à lei marca um afastamento do referencial lacaniano, pois enquanto Lacan restringe a noção de poder social ao campo simbólico e delega a resistência ao imaginário, Foucault reformula o simbólico como relações de poder e entende a resistência como um efeito do poder. A concepção de Foucault dá início à passagem de um discurso sobre a lei, concebido como jurídico (e que pressupõe um sujeito subordinado pelo poder), para um discurso sobre o poder, que é um campo de relações produtivas, reguladoras e contestadoras. Para Foucault, o simbólico produz a possibilidade de suas próprias subversões, e essas subversões são efeitos inesperados das interpelações simbólicas.

A ideia de "simbólico" não aborda a multiplicidade de vetores de poder nos quais Foucault insiste, pois o poder em Foucault não consiste apenas na elaboração reiterada de normas ou exigências interpeladoras, mas é formativo ou produtivo, maleável, múltiplo, proliferativo e conflituoso. Além disso, em suas ressignificações, a própria lei é transmutada naquilo que se opõe aos seus propósitos originais e os ultrapassa. Nesse sentido, para Foucault, o discurso disciplinar não constitui unilateralmente o sujeito – ou melhor, se o faz, constitui *simultaneamente* a condição para a desconstituição do sujeito. O que é gerado pelo efeito performativo da exigência interpeladora é muito mais do que um "sujeito", pois o "sujeito" criado não é, por esse motivo, fixado numa posição: ele se torna a ocasião para uma feitura posterior. Na verdade, gostaria de acrescentar que o sujeito só permanece sujeito mediante a reiteração ou rearticulação de si mesmo como sujeito, e o fato de a coerência do sujeito depender dessa repetição pode constituir a incoerência desse sujeito, seu caráter de incompletude. Essa repetição — ou melhor, iterabilidade — torna-se assim o não-lugar da subversão, a possibilidade de recorporificar a norma subjetivadora capaz de redirecionar sua normatividade. Considere as inversões de "mulher" e "mulher", de acordo com o modo de encenação e abordagem de cada representação, e de "queer" e "queer", de acordo com seu modo patologizador ou contestador. Os dois exemplos dizem respeito não a uma oposição entre o uso reacionário e o uso progressivo, mas sim a um uso progressivo que exige e repete o uso reacionário com o objetivo de efetivar uma reterritorialização subversiva. Para Foucault, então, o aparelho disciplinar produz sujeitos, mas, como consequência dessa produção, traz ao discurso as condições para subverter o próprio aparelho. Em outras palavras, a lei se volta contra si mesma e produz versões de si mesma que se opõem aos propósitos que a colocam em ação e os proliferam. Então, a pergunta estratégica para Foucault é: como administramos as relações de poder pelas quais somos administrados, e em qual direção?

Em suas últimas entrevistas, Foucault dá a entender que, dentro dos arranjos políticos contemporâneos, as identidades se formam em relação a certos requisitos do Estado liberal, os quais presumem que a afirmação de direitos e a reivindicação de direitos legais só podem ser feitas com base em uma identidade singular e injuriada. Quanto mais específicas se tornam as identidades, mais totalizadas se tornam por essa mesma especificidade. Na verdade, podemos entender esse fenômeno contemporâneo como o movimento pelo qual um aparelho jurídico produz o campo de possíveis sujeitos políticos. Tendo em vista que, para Foucault, o aparelho disciplinar do Estado opera através da produção totalizadora de indivíduos, e tendo em vista que essa totalização do indivíduo estende a jurisdição do Estado (isto é, transformando indivíduos em sujeitos do Estado), Foucault sugere uma reconstrução da subjetividade além dos grilhões da lei jurídica. Nesse sentido, o que chamamos de política identitária é produzido por um Estado que só pode alocar reconhecimento e direitos a sujeitos totalizados pela particularidade que constitui suas condições de reclamantes. Ao exigir uma derrocada, por assim dizer, dessa estrutura, Foucault não está pedindo a libertação de uma subjetividade escondida ou reprimida, mas sim a feitura radical da subjetividade formada na hegemonia histórica do sujeito jurídico e contra essa hegemonia:

> Talvez o objetivo hoje em dia não seja descobrir o que somos, mas recusar o que somos. Temos que imaginar e construir o que poderíamos ser para nos livrarmos deste "duplo constrangimento" político, que é a simultânea individualização e totalização própria às estruturas do poder moderno [...] A conclusão seria que o problema político, ético, social e filosófico de nossos dias não consiste em tentar liberar o indivíduo do Estado nem das instituições do Estado, porém nos liberarmos tanto do Estado quanto do tipo de individualização que a ele se liga. Temos que promover novas formas de subjetividade através da recusa deste tipo de individualidade que nos foi imposto há vários séculos.[39]

Dessa análise, surgem dois grupos de questões. Em primeiro lugar, por que Foucault define a resistência em relação ao poder disciplinar da sexualidade em *História da sexualidade*, enquanto em *Vigiar e punir* o poder disciplinar parece determinar corpos dóceis incapazes de resistência? Na relação da *sexualidade* com o poder, existe algo que condiciona

---

[39] FOUCAULT, Michel. O sujeito e o poder. In: DREYFUS, Hubert L.; RABINOW, Paul (Org.). *Foucault, uma trajetória filosófica*. Tradução de Vera Porto Carrero. Rio de Janeiro: Forense Universitária, 1995, p. 239.

a possibilidade de resistência no primeiro texto, e a ausência notável de uma consideração sobre a sexualidade na discussão do poder e dos corpos no segundo? Vale notar que, no *História da sexualidade*, a função repressiva da lei é enfraquecida precisamente por ela se tornar o objeto de excitação e de investimento erótico. O aparelho disciplinar não reprime a sexualidade precisamente por ser ele mesmo erotizado, tornando-se a ocasião para a *incitação da sexualidade* e, portanto, anulando seus próprios objetivos repressivos.

Em segundo lugar, tendo em mente essa propriedade transferível de investimentos sexuais, podemos perguntar: o que condiciona a possibilidade suscitada por Foucault, a de recusar o tipo de individualidade correlacionada com o aparato disciplinar do Estado moderno? E como explicamos o *apego* precisamente ao tipo de individualidade ligada ao Estado e que reconsolida a lei jurídica? Em que medida o aparelho disciplinar que tenta produzir e totalizar a identidade torna-se um objeto permanente de apego apaixonado? Não podemos simplesmente nos desfazer das identidades que nos tornamos, e o apelo de Foucault para "recusarmos" essas identidades certamente encontrará resistência. Se rejeitarmos teoricamente a fonte de resistência em um campo psíquico que precede ou excede o social[40] – como devemos fazer –, será possível reformularmos a resistência psíquica *nos termos do social* sem que a reformulação se torne domesticação ou normalização? (Deve o social ser sempre equiparado ao que é predeterminado e normalizável?) Em particular, como podemos entender não só a produção disciplinar do sujeito, mas também o cultivo disciplinar de *um apego à sujeição*?

Esse tipo de postulação pode suscitar a questão do masoquismo – na verdade, a questão do masoquismo na formação do sujeito –, mas não responde a questão do status do "apego"

---

[40] Para uma advertência psicanalítica contra "colapsar" o psíquico e o social, ver o prefácio de GURGIN, Victor; DONALD, James; KAPLAN, Cora (Org.). *Formations of Fantasy*. Londres: Methuen, 1986.

ou do "investimento". Aqui surge o problema gramatical pelo qual o apego parece preceder o sujeito que "teria" esse apego. No entanto, parece crucial suspendermos os requisitos gramaticais usuais e considerarmos uma inversão de termos na qual certos apegos precedem e condicionam a formação dos sujeitos (a visualização da libido no estágio do espelho, a sustentação ao longo do tempo dessa imagem projetada como função discursiva do nome). Seria essa, então, uma ontologia da libido ou do investimento que é, em certo sentido, ao sujeito e separável dele, ou será que, desde o início, todo investimento desse tipo está vinculado a uma reflexividade que se estabiliza (dentro do imaginário) como o Eu? Se o Eu é composto de identificações, e a identificação é a resolução do desejo, então o Eu é o resíduo do desejo, o efeito de incorporações que, como argumenta Freud em *O Eu e o Isso*, descrevem uma linhagem de apego e perda.

Na opinião de Freud, a formação da consciência põe em ato um apego à proibição que funda o sujeito em sua reflexividade. Sob a pressão da lei ética, surge um sujeito capaz de reflexividade, isto é, que toma a si mesmo como objeto e, desse modo, equivoca-se consigo mesmo, uma vez que, em virtude dessa proibição fundadora, o sujeito se encontra a uma distância infinita de sua origem. O sujeito só surge sob a condição de uma separação imposta pela proibição, e se forma mediante o apego à proibição (em obediência a ela, mas também erotizando-a). E essa proibição é ainda mais agradável precisamente por estar associada ao circuito narcísico que evita que o sujeito se dissolva na psicose.[41]

---

[41] Nessa discussão, os termos "apego" e "investimento" devem ser entendidos como intencionais no sentido fenomenológico, isto é, como movimentos ou trajetórias libidinais que sempre tomam um objeto. Não existe apego que se inicie desvinculado e tome posteriormente um objeto; em vez disso, o apego é sempre apego a um objeto, sendo na medida em que aquilo *a* que se apega altera o próprio apego. A transferibilidade do apego pressupõe que o objeto ao qual se estabelece o apego pode mudar, mas que o apego persistirá e sempre tomará

Para Foucault, o sujeito é formado e só depois investido de sexualidade por um regime de poder. No entanto, se o próprio processo de formação do sujeito exige uma apropriação antecipada da sexualidade, uma proibição fundadora que proíbe determinado desejo mas se torna alvo do desejo, então o sujeito se forma através da proibição da sexualidade, uma proibição que, ao mesmo tempo, forma essa sexualidade e o sujeito que a assume. Essa visão vai de encontro à ideia foucaultiana de que a psicanálise pressupõe a exterioridade da lei em relação ao desejo, pois sustenta que não há desejo sem a lei que forma e sustenta o mesmo desejo que proíbe. Na verdade, a proibição se torna uma forma estranha de preservação, um modo de erotizar a lei que deveria abolir o erotismo, mas que só funciona incitando a erotização. Nesse sentido, a "identidade sexual" é uma produtiva contradição em termos, pois a identidade se forma graças à proibição de alguma dimensão da própria sexualidade que a identidade assume, e a sexualidade, quando ligada à identidade, está sempre, de algum modo, solapando a si própria.

Não se trata necessariamente de uma contradição estática, pois os significantes da identidade não são estruturalmente

---

algum objeto, e também que esse ato de vinculação (sempre ligado a um tipo de afastamento) é a ação constitutiva do apego. Essa noção de apego é semelhante a certos esforços de explicar as pulsões em termos não biológicos (para distingui-los dos esforços que levam a sério o biológico). Aqui poderíamos recorrer à interpretação de Gilles Deleuze a respeito das pulsões em *Masochism: An Interpretation of Coldness and Cruelty* (Nova York: Braziller, 1971; *Présentation de Sacher-Masoch* [Paris: Minuit, 1967]), em que ele sugere que as pulsões podem ser entendidas como a pulsionalidade da postulação ou da valoração. Ver também as discussões recentes de Jean Laplanche nas quais "a pulsão" se torna indissociável de sua articulação cultural: "acreditamos ser necessário conceber um duplo estágio expositivo: de um lado, o estágio preliminar de um organismo vinculado à homeostase e à preservação de si, e, de outro, o estágio do mundo cultural adulto em que o infante está imediata e completamente imerso" (FLETCHER, John; STANTON, Martin (Org.). *Jean Laplanche: Seduction, Translation, Drives*. Londres: Institute of Contemporary Arts, 1992, p. 187).

determinados de antemão. Se Foucault argumentou que um signo pode ser absorvido e usado para fins contrários àqueles para os quais foi projetado, é porque entendeu que até os termos mais nocivos poderiam ser apropriados, que as interpelações mais prejudiciais também poderiam ser o lugar da reocupação e da ressignificação radicais. Mas o que nos permite ocupar o lugar discursivo da injúria? Como somos encorajados e mobilizados por esse lugar discursivo e sua injúria, de modo que nosso próprio apego a ele se torna a condição para que o ressignifiquemos? Se sou chamada por um nome injurioso, entro em meu ser social, e como tenho algum apego inevitável à minha existência, como certo narcisismo se apodera de qualquer termo que confira existência, eu sou levada a aceitar os termos que me causam injúria porque eles me constituem socialmente. A trajetória autocolonizadora de certas formas de política identitária é sintomática dessa aceitação paradoxal do termo injurioso. Como paradoxo adicional, então, é somente por ocupar esse termo injurioso, e ser ocupada por ele, que posso resistir e me opor a ele, reformulando o poder que me constitui como o poder ao qual me oponho. Dessa forma, a psicanálise tem um lugar garantido para si mesma, uma vez que qualquer mobilização contra a sujeição tomará esta como seu recurso, e uma vez que o apego a uma interpelação injuriosa, por meio de um narcisismo necessariamente alienado, tornar-se-á a condição de possibilidade para que essa interpelação seja ressignificada. Isso não representa um inconsciente fora do poder, mas sim algo como o inconsciente do poder em si, em sua iterabilidade traumática e produtiva.

Portanto, se concluirmos que certos tipos de interpelação conferem identidade, essas interpelações injuriosas constituirão a identidade por intermédio da injúria. Isso não quer dizer que a identidade tenha de permanecer eternamente enraizada em sua injúria para que seja uma identidade, mas indica que as possibilidades de ressignificação vão reformular e abalar o apego apaixonado à submissão sem o qual a formação – e a reformação – do sujeito é impossível.

"A consciência nos torna a todos sujeitos"[42]
A sujeição em Althusser

A doutrina da interpelação em Althusser continua estruturando o debate contemporâneo sobre a formação do sujeito, oferecendo uma maneira de explicar o sujeito que passa a existir como consequência da linguagem, mas sempre dentro de seus termos. A teoria da interpelação parece representar uma cena social em que o sujeito primeiro é chamado, depois se vira, e por fim aceita os termos pelos quais é chamado. Trata-se, sem dúvida, de uma cena tanto punitiva quanto reduzida, pois o chamado é feito por um oficial da "Lei", um oficial projetado como singular e falante. Poderíamos claramente objetar que o "chamado" chega individualmente e de maneira implícita e tácita, que a cena nunca é tão diádica quanto diz Althusser, mas essas objeções foram ensaiadas, e a "interpelação" como doutrina continua sobrevivendo às críticas. Se aceitamos que a cena é exemplar e alegórica, ela não precisa acontecer para presumirmos sua

---

[42] No original, "Conscience doth make subjects of us all" – paráfrase de "Conscience doth make cowards of us all" ("A consciência nos torna a todos covardes"), frase de Shakespeare dita por Hamlet, cena 1, ato III. (N.T.)

efetividade. Aliás, se ela é alegórica no sentido de Benjamin, então o processo literalizado pela alegoria é justamente o que resiste à narração, o que excede a narratividade dos eventos.[43] A interpelação, nessa perspectiva, não é um evento, mas uma forma de *encenar o chamado*, na medida em que o chamado, quando encenado, desliteraliza-se ao longo de sua exposição ou *Darstellung*. O próprio chamado também é representado como uma exigência para se alinhar à lei, uma volta (para encarar a lei, para encontrar um rosto para a lei?) e uma entrada na linguagem da autoatribuição – "Eis-me aqui" – por meio da apropriação do sentimento de culpa.

Por que a formação do sujeito parece ocorrer somente após a aceitação da culpa, de modo que não existe um "eu" que possa atribuir um lugar a si próprio, que pode ser anunciado na fala, sem que antes haja uma autoatribuição da culpa, uma submissão à lei através da aceitação de sua exigência de conformidade? Quem se vira para atender ao chamado não atende a uma exigência para se virar. A virada é um ato que está, por assim dizer, condicionado tanto pela "voz" da lei quanto pela responsividade de quem é chamado pela lei. A "virada" é um tipo estranho de meio-termo (que se dá, talvez, numa espécie estranha de "voz média"),[44] determinado tanto pela lei quanto pelo interpelado, mas não de forma unilateral ou exaustiva. A virada não se daria sem o chamado, tampouco se daria sem a disposição para se virar. Mas em que momento e circunstância o chamado do nome solicita a virada, o movimento antecipatório em direção à identidade? Como e por que o sujeito se vira, antecipando a concessão da identidade por meio da autoatribuição da culpa? Que tipo de relação já vincula ambos, de modo que o sujeito sabe que tem de se virar, sabe que, com a virada, obterá algo? Como podemos pensar nessa "virada" como algo que antecede a formação do

---

[43] Ver BENJAMIN, Walter. *Origem do drama trágico alemão*. Tradução de João Barreto. 2. ed. Belo Horizonte: Autêntica, 2016.

[44] Agradeço a Hayden White por essa sugestão.

sujeito, uma cumplicidade prévia com a lei sem a qual não surge sujeito nenhum? A virada na direção da lei é, portanto, uma volta contra si mesmo, uma volta sobre si mesmo que constitui o movimento da consciência. Mas como o reflexo da consciência paralisa o questionamento crítico da lei ao mesmo tempo que representa a relação acrítica do sujeito com a lei como condição da subjetivação? O interpelado é obrigado a se virar para a lei antes de qualquer possibilidade de fazer uma série de perguntas críticas: Quem está falando? Por que eu deveria me virar? Por que eu deveria aceitar os termos pelos quais sou chamado?

Isso significa que antes de qualquer possibilidade de uma compreensão crítica da lei existe uma abertura ou vulnerabilidade à lei, exemplificada na virada para a lei, na antecipação da escolha de uma identidade através da identificação com quem infringiu a lei. Na verdade, a lei é infringida antes de qualquer possibilidade de acesso a ela, portanto a "culpa" é anterior ao conhecimento da lei e, nesse sentido, é sempre estranhamente inocente. A possibilidade de uma visão crítica da lei é, portanto, limitada pelo que podemos entender como um desejo prévio pela lei, uma cumplicidade apaixonada para com a lei, sem a qual nenhum sujeito pode existir. Para lançar sua crítica, o "eu" deve primeiro entender que a possibilidade de sua própria existência depende de seu desejo cúmplice pela lei. Uma revisão crítica da lei, desse modo, não anulará a força da consciência, a menos que quem faça a crítica esteja disposto, por assim dizer, a ser anulado pela crítica que realiza.

É importante lembrar que o chamado não exige a virada na direção da lei; é categórico, em um sentido pouco lógico, porque promete a identidade. Se a lei fala em nome de um sujeito idêntico a si mesmo (Althusser cita a declaração do deus hebreu: "Eu sou o que sou"), como é possível que a consciência entregue ou devolva ao si-mesmo a unidade para consigo, a postulação da identidade para consigo que se torna a precondição para a consolidação linguística do "Eis-me aqui"?

Não obstante, como podemos localizar a vulnerabilidade da subjetivação precisamente nessa virada (em direção à lei, contra o si-mesmo) que precede e antecipa a aceitação da culpa, uma virada que escapa à subjetivação mesmo que a condicione? Como essa "virada" representa uma consciência menos conscienciosa do que é na descrição de Althusser? E como a santificação que faz Althusser da cena de interpelação faz com que a possibilidade de se tornar um sujeito "ruim" seja mais remota e menos incendiária do que poderia ser?

A doutrina da interpelação parece pressupor uma doutrina da consciência anterior e não elaborada, uma volta sobre si no sentido descrito por Nietzsche em *Genealogia da moral*.[45] Essa disposição de aceitar a culpa para obter um vínculo forte com a identidade está ligada a um cenário extremamente religioso de um chamado nominativo que vem de Deus e que constitui o sujeito apelando para a necessidade da lei, uma culpa original que a lei promete aliviar outorgando a identidade. Como essa representação religiosa da interpelação impede antecipadamente qualquer possibilidade de intervenção crítica no funcionamento da lei, qualquer anulação do sujeito sem a qual ele não se origina?

---

[45] Nietzsche distingue a consciência e a má consciência em *Genealogia da moral*, associando a primeira à capacidade de prometer e a segunda ao problema da internalização e da dívida. A distinção parece não ser sustentada, pois fica evidente que o ser que promete só pode representar o seu futuro primeiro se tornando regular, isto é, internalizando a lei ou, para ser exata, "impondo-a a ferro e fogo na vontade". A internalização, mencionada na seção 16 da segunda dissertação, envolve a virada da vontade (ou dos instintos) contra si mesma. Na seção 15, Nietzsche introduz a liberdade como aquilo que se volta contra si mesma na feitura da má consciência: "Esse *instinto de liberdade* tornado latente à força [...] esse instinto de liberdade reprimido, recuado, encarcerado no íntimo, por fim capaz de desafogar-se somente em si mesmo: isto, apenas isto, foi em seus começos a *má-consciência*" (NIETZSCHE, Friedrich. *On the Genealogy of Morals*. Tradução para o inglês de Walter Kaufmann. Nova York: Random House, 1967, p. 87 [Edição brasileira: *Genealogia da moral: uma polêmica*. Tradução de Paulo César de Souza. São Paulo: Companhia das Letras, 1999, p. 75.]).

A menção da consciência em "Ideologia e Aparelhos Ideológicos de Estado",[46] de Althusser, recebeu pouca atenção crítica, embora o termo, tomado em conjunto com o exemplo da autoridade religiosa para ilustrar a força da ideologia, sugira que a teoria da ideologia é apoiada por um conjunto complexo de metáforas teológicas. Embora Althusser mencione explicitamente "a Igreja" apenas como *exemplo* de interpelação ideológica, parece que, para ele, só é possível pensar a ideologia por meio da metáfora da autoridade religiosa. A seção final de "Ideologia" é intitulada "Um exemplo: a ideologia religiosa cristã" e deixa explícito o caráter exemplar que as instituições religiosas ocuparam na seção anterior do ensaio. Esses exemplos incluem: a suposta "eternidade" da ideologia; a analogia explícita entre a "evidência da ideologia" e a ideia de "Logos" em São Paulo, no qual temos "o ser, o movimento e a vida"; a oração de Pascal como um exemplo de ritual em que o ato de se ajoelhar dá origem à crença; a própria crença como condição institucionalmente reproduzida da ideologia; e o uso deificador de iniciais maiúsculas para "Família", "Igreja", "Escola" e "Estado".

Embora a última seção do ensaio procure explicar e expor o exemplo da autoridade religiosa, essa exposição não tem o poder de neutralizar a força da ideologia. A própria escrita de Althusser, reconhece ele, põe invariavelmente em ato o que tematiza,[47] e por isso não promete nenhuma

---

[46] ALTHUSSER, Louis. Ideology and Ideological State Apparatuses (Notes Towards an Investigation). In: *Lenin and Philosophy and Other Essays*. Tradução para o inglês de Ben Brewster. Nova York: Monthly Review Press, 1971, p. 127-188; Idéologie et appareils idéologiques d'état. In: *Positions*. Paris: Editions Sociales, 1976, p. 67-126. [Edição brasileira: Ideologia e Aparelhos Ideológicos de Estado (notas para uma investigação). In: ŽIŽEK, Slavoj (Org.). *Um mapa da ideologia*. Tradução de Vera Ribeiro. Rio de Janeiro: Contraponto, 1996, p. 105-142.] Doravante citado no texto como "Ideologia", com a paginação referindo-se à edição brasileira.

[47] Althusser envolve sua própria escrita na versão de interpelação ideológica que explica: "é essencial reconhecer que tanto o autor destas linhas quanto o leitor que as lê são, eles mesmos, sujeitos, e portanto,

fuga inteligente da ideologia através dessa articulação. Para ilustrar o poder que tem a ideologia de constituir sujeitos, Althusser recorre ao exemplo da voz divina que nomeia e, ao nomear, dá origem a seus sujeitos. Ao afirmar que a ideologia social opera de forma análoga, Althusser sem querer acaba integrando a interpelação social ao performativo divino. O exemplo da ideologia, desse modo, assume o caráter de paradigma para pensar a ideologia como tal, pelo qual as estruturas inevitáveis da ideologia são estabelecidas textualmente através da metáfora religiosa: a autoridade da "voz" da ideologia, a "voz" da interpelação, é figurada como uma voz quase impossível de ser ignorada. A força da interpelação em Althusser deriva dos exemplos que aparentemente a ilustram, sobretudo a voz de Deus ao nomear Pedro (e Moisés) e sua secularização na voz postulada do representante da autoridade do Estado: a voz do policial que chama o transeunte com "Ei, você aí!".

Em outras palavras, o poder divino de nomear é o que estrutura a teoria da interpelação que explica a constituição ideológica do sujeito. O batismo exemplifica os meios linguísticos pelos quais o sujeito é impelido ao ser social. Deus nomeia "Pedro", e essa abordagem estabelece Deus como a origem de Pedro;[48] o nome permanece vinculado a Pedro permanentemente em virtude da implícita e contínua presença, dentro do nome, daquele que o nomeia. Considerando os exemplos de Althusser, no entanto, essa nomeação não pode se realizar sem uma certa disposição ou desejo antecipatório por parte do interpelado. Na medida em que o nomear é um

---

sujeitos ideológicos (proposição tautológica), isto é, que o autor e o leitor destas linhas vivem, 'espontânea' ou 'naturalmente', numa ideologia" (ALTHUSSER. Ideologia, p. 132). Nessa observação, Althusser presume as capacidades de autoridade da voz e insiste que sua escrita, na medida em que é ideológica, aborda seu leitor como o abordaria uma voz.

[48] ALTHUSSER. Ideologia, p. 135.

interpelar, existe um interpelado que precede a interpelação; mas dado que a interpelação é um nome que cria o que ele nomeia, parece não haver "Pedro" sem o nome "Pedro". Aliás, "Pedro" não existe sem o nome que proporciona a garantia linguística da existência. Nesse sentido, como condição prévia e essencial da formação do sujeito, existe uma certa disposição de ser compelido pela interpelação autoritária, uma disposição que sugere que, antes da resposta, o sujeito já mantém de certo modo uma relação com a voz, e que sugere que ele já está envolvido nos termos do desconhecimento instaurador por parte de uma autoridade à qual posteriormente ele se rende. Ou talvez ele já tenha se rendido antes de se virar e a virada seja meramente o signo de uma submissão inevitável pela qual se estabelece como sujeito posicionado em linguagem como possível interpelado. Nesse sentido, a cena com a polícia é uma cena tardia e intensificada, que torna explícita uma submissão fundadora para a qual nenhuma cena desse tipo seria adequada. Se essa submissão origina o sujeito, a narrativa que busca contar a história dessa submissão só pode acontecer recorrendo aos efeitos ficcionais da gramática. A narrativa que busca explicar como o sujeito passa a existir presume o "sujeito" gramatical antes do relato de sua gênese. No entanto, a submissão fundadora que ainda não resultou no sujeito seria precisamente a pré-história não narrável do sujeito, um paradoxo que põe em questão a própria narrativa da formação do sujeito. Se não há sujeito exceto como consequência dessa sujeição, a narrativa que explicaria esse processo exige que a temporalidade não seja verdadeira, pois a gramática dessa narrativa pressupõe que não há sujeição sem um sujeito que a sofra.

Essa submissão fundadora é uma espécie de rendição anterior a qualquer questão de motivação psicológica? Como podemos entender a disposição psíquica em jogo no momento em que o transeunte responde à lei? O que condiciona e influencia essa resposta? Por que a pessoa na rua responderia ao chamado de "Ei, você aí!", virando-se para trás? Qual é o significado de se virar para uma voz que chama por trás? Essa virada na direção da voz da lei é o signo de certo desejo de ser visto pelo rosto da autoridade, e talvez também de ver o rosto da autoridade, a representação visual de uma cena auditiva – um estádio do espelho, ou, talvez mais apropriadamente, um "espelho acústico"[49] – que permite o desconhecimento sem o qual o sujeito não alcança sua sociabilidade. Essa subjetivação, segundo Althusser, é um *des*conhecimento, uma totalização falsa e provisória; então o que precipita esse desejo pela lei, esse engodo do *des*conhecimento oferecido na repreensão que estabelece a subordinação como o preço da subjetivação? Essa resposta parece indicar que a existência social, a existência como sujeito, só pode ser obtida pela aceitação da lei acompanhada de um sentimento de culpa, uma vez que a culpa garante a intervenção da lei e, com isso, a continuação da existência do sujeito. Se o sujeito só pode garantir sua existência nos termos da lei, e a lei exige a sujeição para a subjetivação, perversamente é preciso (sempre já) se render à lei para continuar afirmando a própria existência. A rendição à lei, desse modo, pode ser interpretada como a consequência obrigatória de um apego narcísico à continuidade da existência.

Na narrativa do assassinato de sua esposa, fidedigno ou não, Althusser assume explicitamente a culpa pela morte e narra, em uma inversão impressionante da cena policial de

---

[49] Ver SILVERMAN, Kaja. *The Acoustic Mirror: The Female Voice in Psychoanalysis and Cinema*. Bloomington: Indiana University Press, 1988. Silverman comenta a dimensão "teológica" da voz em *off* nos filmes, que sempre escapa ao olhar do espectador (p. 49). Ela também deixa claro que a voz reconhecida na apresentação cinematográfica da voz não é apenas a voz materna, mas uma dimensão repudiada da própria voz do sujeito masculino (p. 80-81). A análise de Silverman lança luzes sobre a "voz" da ideologia na medida em que o sujeito que se vira já conhece a voz à qual responde, o que sugere uma ambiguidade irredutível entre a "voz" da consciência e a "voz" da lei.

"Ideologia", como ele saiu pelas ruas chamando a polícia para se entregar à lei.⁵⁰ Esse chamado pela polícia é uma inversão peculiar do chamado que o "Ideologia" pressupõe sem tematizar explicitamente. Sem entrar na questão biográfica, quero tratar da importância teórica dessa inversão da cena com a polícia, em que o homem sai às ruas chamando a polícia em vez de responder ao chamado dela. Em "Ideologia", a culpa e a consciência operam implicitamente em relação a uma exigência ideológica, uma reprimenda vivificadora, no relato da formação do sujeito. No presente capítulo, tento fazer uma releitura desse ensaio para entender como a interpelação é representada em sua essência através do exemplo religioso. O caráter exemplar da autoridade religiosa salienta o paradoxo de como a própria possibilidade da formação do sujeito depende da busca apaixonada por um reconhecimento que, dentro dos termos do exemplo religioso, é inseparável de uma condenação.

Outra maneira de propor a mesma questão seria perguntando: como o texto de Althusser está implicado na "consciência" que ele busca explicar? Em que medida a persistência do modelo teológico é um sintoma que nos obriga a uma leitura sintomática? Em seu ensaio introdutório *Ler o capital*, Althusser sugere que todo texto deve ser lido para o "invisível" que aparece no mundo que a teoria torna visível.⁵¹ Em uma análise recente dessa ideia de "leitura sintomática" em Althusser, Jean-Marie Vincent observa que "um texto não é interessante só por sua organização lógica, ou pela maneira aparentemente rigorosa de desenvolver seus argumentos, mas

---

⁵⁰ Ver a seção I de ALTHUSSER, Louis. *O futuro dura muito tempo*. Tradução de Rosa Freire D'Aguiar. São Paulo: Companhia das Letras, 1992.
⁵¹ ALTHUSSER, Louis; RANCIÈRE, Jacques; MACHEREY, Pierre. *Reading Capital*. Tradução para o inglês de Ben Brewster. Londres: Verso, 1970, p. 26; *Lire le Capital*. Paris: François Maspero, 1968. [Edição brasileira: *Ler o capital*. Tradução de Nathanael C. Caixeiro. Rio de Janeiro: Zahar, 1979, p. 18.]

também devido ao que desorganiza sua ordem, devido a tudo que o enfraquece".⁵² Nem Althusser nem Vincent consideram que o caráter exemplar de certas metáforas possa provocar uma leitura sintomática que "enfraquece" um argumento rigoroso. No entanto, no próprio texto de Althusser, reconsiderar os tropos religiosos centrais da voz da lei e da consciência permite questionar o que se tornou, nos estudos literários recentes, uma tensão desnecessária entre a leitura da metáfora e a leitura da ideologia. Na medida em que consideramos as analogias religiosas de Althusser como meramente ilustrativas, elas estão separadas da argumentação rigorosa do próprio texto, oferecida na forma de paráfrase pedagógica. No entanto, a força performativa⁵³ da voz da autoridade religiosa se torna exemplar para a teoria da interpelação, estendendo assim, pelo exemplo, a força putativa do nomear divino às autoridades sociais pelas quais o sujeito, ao ser chamado, é inserido no ser social. Não estou sugerindo que possamos descobrir a "verdade" do texto de Althusser na forma como o figurativo perturba a conceitualização "rigorosa". Esse tipo de abordagem acaba romantizando o figurativo como essencialmente perturbador, quando as figuras podem muito bem compor e intensificar as afirmações conceituais. A preocupação aqui tem um objetivo textual mais específico, qual seja, mostrar como as figuras – exemplos e analogias – influenciam e ampliam as conceitualizações, enredando o texto numa santificação ideológica da autoridade religiosa que ele só pode expor ao reencenar essa autoridade.

---

⁵² VINCENT, Jean-Marie. La lecture symptomale chez Althusser. In: FUTUR ANTÉRIEUR (Org.). *Sur Althusser: passages*. Paris: Éditions L'Harmattan, 1993, p. 97.

⁵³ Ao longo da trajetória da autora, o verbo *to perform* e o substantivo *performance* e derivados adquirem significados importantes que ultrapassam os sentidos de "cumprir", "desempenhar", "executar" e "interpretar". Mantivemos essa nuance, portanto, em momentos em que esses sentidos dialogam com outros escritos da autora, e traduzimos por "performar" e "performance". (N.T.)

Para Althusser, a eficácia da ideologia consiste, em parte, na formação da *consciência*, sendo a "consciência" entendida como o que coloca restrições ao que é dizível, ou, em sentido amplo, representável. A consciência não pode ser conceitualizada como uma autorrestrição, se entendemos essa relação como uma reflexividade preexistente, uma volta sobre si realizada por um sujeito já feito. Em vez disso, ela designa uma espécie de volta – uma reflexividade – que constitui a condição de possibilidade para o sujeito se formar. A reflexividade é constituída por esse momento de consciência, esse voltar-se sobre si, que é simultâneo à virada na direção da lei. Essa autorrestrição não internaliza uma lei externa: o modelo de internalização parte do pressuposto de que "interno" e "externo" já foram formados. Em vez disso, essa autorrestrição é anterior ao sujeito. Ela constitui a volta reflexiva inaugural do sujeito, posto em ação antes da lei e, por conseguinte, determinado pela lei e com conhecimento prévio dela. A consciência é fundamental para a produção e a regulação do sujeito-cidadão, pois ela promove uma volta do indivíduo, ela o torna disponível à repreenda subjetivadora. No entanto, a lei intensifica a repreenda: a volta "para trás" se transforma numa volta "na direção de". Como podemos pensar essas voltas em conjunto sem reduzir uma à outra?

Antes que a polícia ou as autoridades da igreja entrem na cena althusseriana, há uma referência à proibição que, em um veio lacaniano, está ligada à própria possibilidade da fala. Althusser associa o surgimento de uma consciência em geral – e de uma consciência "cívica e profissional" [*la conscience civique et professionnelle*][54] – com o problema de falar apropriadamente [*bien parler*].[55] "Falar apropriadamente" parece ser

---

[54] A tradução em inglês consultada por Butler usa dois termos para se referir à consciência: *consciousness*, que aqui seria a consciência geral e cotidiana, e *conscience*, que seria a "cívica e profissional", nas palavras de Althusser. Tanto a tradução brasileira quanto o original em francês usam um único termo: consciência (*conscience*, em francês). (N.T.)
[55] ALTHUSSER. Ideologia, p. 108.

uma instância do trabalho ideológico de adquirir habilidades, um processo central para a formação do sujeito. As "habilidades diversas" da força de trabalho devem ser reproduzidas, e essa reprodução acontece cada vez mais "fora da empresa" e *dentro da escola*, isto é, fora da produção e dentro das instituições educacionais. As habilidades a serem aprendidas são, acima de tudo, *as habilidades da fala*. A primeira menção de "consciência", que se revelará fundamental para o sucesso ou a eficácia da interpelação, está ligada à aquisição de domínio, a aprender a "falar apropriadamente". A reprodução do sujeito ocorre através da reprodução de habilidades linguísticas, constituindo, por assim dizer, as regras e atitudes observadas "por cada agente na divisão do trabalho". Nesse sentido, as regras da fala apropriada são também as regras que oferecem ou negam o *respeito*. Os trabalhadores aprendem a falar apropriadamente, e os gerentes aprendem a "'dirigir-se aos trabalhadores' da maneira correta [*bien commander*]" (p. 108).

As habilidades linguísticas seriam dominadas e domináveis, mas esse domínio é claramente visto por Althusser como uma espécie de submissão: "a reprodução da força de trabalho requer não apenas uma reprodução de sua qualificação, mas também, ao mesmo tempo, uma reprodução de sua submissão às regras da ordem estabelecida [*soumission à l'idéologie dominante*]". No parágrafo seguinte, essa submissão às regras da ideologia dominante leva à problemática da *sujeição*, que tem o duplo sentido de ter se submetido a essas regras e de se constituir dentro da sociabilidade em virtude dessa submissão.

Althusser escreve que "a escola [...] ensina a 'habilidade' [*des 'savoir-faire'*], mas sob formas que assegurem a *sujeição à ideologia dominante* [*l'assujettissement à l'idéologie dominante*] ou o domínio de sua 'prática'" (p. 108). Consideremos o efeito lógico da conjunção disjuntiva "ou" no meio da formulação: "sujeição à ideologia dominante ou" – dito em termos diferentes, porém equivalentes – "o domínio *da* sua 'prática'" (ênfase minha). Quanto mais se domina uma prática, mais plenamente se alcança a sujeição. A submissão e o domínio ocorrem simultaneamente, e essa simultaneidade paradoxal constitui a ambivalência da sujeição. Embora se espere que a submissão consista em ceder a uma ordem dominante imposta externamente e ser marcado por uma perda de controle e domínio, paradoxalmente, ela mesma é marcada pelo domínio. Quando Althusser reformula a submissão, de modo preciso e paradoxal, como uma espécie de domínio, escapa-lhe a estrutura binária de domínio e submissão. Nessa perspectiva, nem a submissão nem o domínio são *performados pelo sujeito*; a simultaneidade vivida da submissão como domínio, e do domínio como submissão, é a condição de possibilidade para o surgimento do sujeito.

Aqui, o problema conceitual é enfatizado pelo problema gramatical de que não pode haver sujeito anterior à submissão, e ainda existe uma "necessidade de saber" *quem* sofre essa submissão para se tornar sujeito. Althusser introduz o termo "indivíduo" como lugar-tenente para satisfazer provisoriamente essa necessidade gramatical, mas o que, em última instância, poderia satisfazer o requisito gramatical não é um sujeito gramatical estático. A gramática do sujeito surge apenas como consequência do processo que estamos tentando descrever. Como estamos aprisionados, por assim dizer, dentro do tempo gramatical do sujeito (por exemplo, "estamos tentando descrever", "estamos aprisionados"), é quase impossível perguntar pela genealogia de sua construção sem pressupor a construção ao fazer a pergunta.

O que antecede o sujeito e explica sua formação? Althusser começa o "Ideologia e Aparelhos Ideológicos de Estado" referindo-se à reprodução das relações sociais, descritas como a reprodução de habilidades sociais. Ele então distingue as habilidades reproduzidas na empresa e as reproduzidas na educação. O sujeito se forma em relação às últimas. De certo modo, essa reprodução das relações é anterior ao sujeito que se forma em seu decorrer. A bem dizer, no entanto, nenhum dos dois pode ser pensado sem o outro.

A reprodução das relações sociais, a reprodução das habilidades, é a reprodução da sujeição. Mas a reprodução do trabalho não é central aqui – a reprodução central é própria do sujeito e ocorre em relação à linguagem e à formação da consciência. Para Althusser, cumprir tarefas "conscienciosamente" é realizá-las, por assim dizer, repetidas vezes, reproduzir essas habilidades e, ao reproduzi-las, adquirir domínio. Althusser usa "conscienciosamente" entre aspas ["*pour s'acquitter 'consciencieusement' de leur tâche*"], colocando em relevo a forma como o trabalho é moralizado. O sentido moral de *s'acquitter* se perde na tradução como *to perform* [cumprir]: se interpretamos o domínio de um conjunto de habilidades como uma *quitação de si mesmo*, então esse domínio do *savoir-faire* defende o sujeito de uma acusação; literalmente, é a declaração de inocência do acusado. Quitar-se "conscienciosamente" é, então, interpretar o trabalho como uma confissão de inocência, uma demonstração ou prova da ausência de culpa perante a exigência de confissão implícita por uma acusação insistente.

Podemos então entender a "submissão" às regras da ideologia dominante como uma submissão à necessidade de provar a inocência diante da acusação, uma submissão à exigência de provas, uma execução dessa prova e a aquisição do status do sujeito em conformidade com os termos da lei interrogativa e através dessa conformidade. Tornar-se um "sujeito", portanto, é ter sido presumido culpado, depois julgado e declarado inocente. Como essa declaração não é um ato único, mas um status *reproduzido* incessantemente, tornar-se um "sujeito" é estar continuamente no processo de se quitar da acusação de culpa. É ter se tornado um emblema da legalidade, um cidadão em boa situação, mas cujo status é tênue, na verdade, um sujeito que conheceu – de alguma forma, em algum lugar – o que é *não* ter essa boa situação e, por conseguinte, ter sido rejeitado como culpado. No entanto, como essa culpa condiciona o sujeito, constitui a pré-história da sujeição à lei pela qual o sujeito é produzido. Aqui podemos proveitosamente conjecturar que a razão de haver tão poucas referências a "sujeitos maus" em Althusser seja que o termo tende ao oximoro. Ser "mau" é ainda não ser um sujeito, ainda não ter se quitado da alegação da culpa.[56] Essa performance não está simplesmente *de acordo* com as habilidades, pois não há sujeito anterior ao performar; o desempenho laborioso das habilidades introduz no sujeito seu status de ser social. Há a culpa, depois uma prática repetitiva pela qual as habilidades são adquiridas, e só então a suposição do lugar gramatical dentro do social como sujeito. Dizer que o sujeito performa de acordo com um conjunto de habilidades é, por assim dizer, tomar a gramática em sua literalidade: há um sujeito que encontra um conjunto de habilidades a serem aprendidas, consegue ou não as aprender e só depois é possível dizer se ele domina ou não essas habilidades. Dominar um conjunto de habilidades não é simplesmente aceitar um conjunto de habilidades, mas sim reproduzi-las na própria atividade, como parte dela. Não se trata apenas de agir de acordo com um conjunto de regras, mas também de incorporar as regras durante a ação e reproduzi-las em rituais de ação incorporados.[57]

---

[56] Sobre esse aspecto, podemos comparar produtivamente a Ética protestante, de Max Weber, com Althusser. Em ambos, o trabalho é efetivamente garantido através de uma ética cristã, embora em Althusser a inflexão religiosa pareça ser mais católica do que protestante.

[57] Pierre Bourdieu elabora o conceito de *habitus* em "A lógica da prática" (In: *O senso prático*. Tradução de Maria Ferreira. Petrópolis: Vozes, 2009, p. 150-163), em que analisa os rituais incorporados do cotidiano pelos quais determinada cultura produz e sustenta a crença em sua própria "evidência". Bourdieu destaca o lugar do corpo, seus gestos, sua estilística, seu "conhecimento" inconsciente como o local de reconstituição de um sentido prático sem o qual a realidade social não poderia ser constituída. A ideia de *habitus* em Bourdieu pode ser interpretada como uma reformulação da ideia de ideologia de Althusser. Enquanto Althusser escreve que a ideologia constitui a "evidência" do sujeito, mas que essa evidência é efeito de um dispositivo [*dispositif*], o mesmo termo ressurge em Bourdieu para descrever a maneira como um *habitus* gera certas crenças. Para

O que leva a essa reprodução? Claramente, não só a apropriação mecânica das normas, nem a apropriação voluntária. Também não é algo relacionado ao comportamento, tampouco um projeto intencional. Na medida em que precede a formação do sujeito, ainda não é da ordem da consciência, e, no entanto, essa compulsão involuntária não é um efeito induzido mecanicamente. A noção de ritual sugere que ela é executada, e, na repetição da performance, gera-se uma crença, que é então incorporada à performance em suas operações subsequentes. Mas existe uma compulsão por "quitar a si mesmo" inerente a toda performance; por esse motivo existe uma ansiedade e um conhecimento que antecedem a performance e se tornam articulados e vivificadores somente por ocasião da reprimenda.

É possível fazer uma separação entre a dimensão psíquica dessa repetição ritualística e os "atos" que a animam e reanimam? A própria noção de ritual pressupõe a crença e a prática como inseparáveis. No entanto, o crítico esloveno Mladen Dolar argumenta que Althusser não consegue explicar a psique como uma dimensão separada. Dolar recomenda um retorno a Lacan, da mesma maneira que Slavoj Žižek sugere uma complementaridade necessária entre Althusser e Lacan.[58] Insistir em

---

Bourdieu, as disposições são geradoras e transponíveis. Vejamos no "Ideologia", de Althusser, o início dessa última reapropriação: "Um indivíduo acredita em Deus, ou no Dever, na Justiça etc. Essa crença decorre (para todo o mundo, isto é, para todos os que vivem numa representação ideológica da ideologia, que reduz a ideologia a ideias dotadas, por definição, de uma existência espiritual) das ideias do indivíduo em questão, ou seja, dele como sujeito provido de uma consciência que contém as ideias de sua crença. Desse modo, isto é, mediante o dispositivo "conceituaI" absolutamente ideológico assim instaurado (um sujeito dotado de uma consciência em que ele forma livremente ou reconhece livremente as ideias em que acredita), o comportamento (material) do sujeito em causa é uma decorrência natural" (p. 129).

[58] Ver ŽIŽEK, Slavoj. *The Sublime Object of Ideology*. Londres: Verso, 1989, p. 1-2.

separar psique e prática social é intensificar a metáfora religiosa em Althusser, isto é, imaginar a psique como pura idealidade, semelhante à idealidade da alma. Desse modo, recorro à leitura que Dolar faz de Althusser para considerar a tensão entre a idealidade putativa da subjetividade e a afirmação de que a ideologia, inclusive a realidade psíquica, faz parte do campo estendido da materialidade no sentido althusseriano.

No ensaio "Beyond Interpellation",[59] Mladen Dolar sugere que Althusser, embora use, em alguns momentos, a teoria lacaniana do imaginário, não reconhece o potencial contestador da psicanálise, em particular da noção de Real como aquilo que nunca está disponível à subjetivação. Dolar escreve: "Para dizer da maneira mais simples, há uma parte do indivíduo que não se transfere com êxito para o sujeito, um elemento da *materia prima* 'pré-ideológica' e 'pré-subjetiva' que começa a assombrar a subjetividade assim que ela se constitui como tal" (p. 75). O uso de "*materia prima*" é significativo, pois, com esse sintagma, Dolar contesta explicitamente a explicação social da materialidade oferecida por Althusser. Na verdade, essa "*materia prima*" nunca se materializa no sentido althusseriano, nunca surge como uma prática, um ritual ou uma relação social; do ponto de vista do social, a "*materia prima*" é radicalmente *imaterial*. Com isso, Dolar critica Althusser por eliminar a dimensão da subjetividade que permanece radicalmente imaterial, impedida de aparência na materialidade. De acordo com Dolar, a interpelação só pode explicar a formação do sujeito de forma parcial: "para Althusser, o sujeito é o que faz a ideologia funcionar; para a psicanálise, o sujeito surge onde a ideologia fracassa [...]. O resíduo produzido pela subjetivação também é invisível do ponto de vista da interpelação". A "interpelação", escreve ele,

---

[59] DOLAR, Mladen. Beyond Interpellation. *Qui Parle*, v. 6, n. 2, p. 73-96, 1993. A versão em inglês é uma revisão do original "Jenseits der Anrufung", em ŽIŽEK, Slavoj (Org.). *Gestalten der Autorität*. Viena: Hora Verlag, 1991.

"é uma maneira de evitar [o resíduo]" (p. 76). Para Dolar, o que está em jogo é a necessidade de fortalecer a distinção entre o campo do simbólico, entendido como fala comunicável e vínculos sociais, e o do psíquico, que é ontologicamente distinto do social e definido como o resíduo que a noção de social não leva em consideração.

Dolar faz uma distinção entre materialidade e interioridade, em seguida associa vagamente essa distinção com a divisão de Althusser entre a materialidade do aparelho de Estado e a suposta idealidade da subjetividade. Em uma formulação com forte ressonância cartesiana, Dolar define a subjetividade através da noção de interioridade e reconhece o campo da exterioridade (isto é, exterior ao sujeito) como um campo material. Ele pressupõe que a subjetividade se constitui tanto de interioridade quanto de idealidade, ao passo que a materialidade pertence a seu equivalente oposto, o mundo exterior.

Essa maneira de distinguir o interior do exterior pode parecer estranha como algo que caracterize a posição de Althusser ou se derive dela. A contribuição característica de Althusser, afinal, é enfraquecer o dualismo ontológico pressuposto pela distinção marxista convencional entre base material e superestrutura ideal ou ideológica. Ele o faz afirmando a materialidade *do* ideológico: "uma ideologia existe sempre num aparelho e em sua prática ou práticas. Essa existência é material".[60]

A constituição do sujeito é material na medida em que se dá por meio de *rituais* que materializam "as ideias desse sujeito" (p. 130). O que se chama "subjetividade", entendida como a experiência vivida e imaginária do sujeito, deriva dos rituais materiais que constituem os sujeitos. O crente de Pascal se ajoelha mais de uma vez, repetindo necessariamente o gesto que dá origem à crença. Entender de maneira mais ampla "os rituais do reconhecimento ideológico" (p. 133) que nos constituem como sujeitos é fundamental para a própria

---

[60] ALTHUSSER. Ideologia, p. 129.

noção de ideologia. Mas se a crença surge da postura de oração, e se essa postura condiciona e reitera a crença, como separamos a esfera ideacional das práticas rituais que a reinstituem incessantemente? Embora a questão do sujeito não seja a mesma que a da subjetividade, o ensaio de Dolar não deixa claro como essas duas noções devem ser consideradas juntas. A noção de "subjetividade" não tem muito papel em Althusser, exceto talvez na crítica do subjetivismo, e não está claro como esse termo pode ser transposto para os termos que ele usa. Talvez seja esse o ponto crítico de Dolar, ou seja, que no texto de Althusser não há muito espaço para a subjetividade. A principal preocupação crítica de Dolar é que Althusser não considera totalmente o "resíduo" produzido pela subjetivação, o "núcleo de interioridade" não fenomenal.[61] Na verdade, Dolar argumentará que a distinção entre interior e exterior é produzida através da "introjeção do objeto" (p. 79). Portanto, um objeto primário é introjetado, e essa introjeção se torna a condição de possibilidade para o sujeito. A irrecuperabilidade desse objeto, portanto, não é apenas a condição de suporte do sujeito, mas também a persistente ameaça à sua coerência. A noção lacaniana do Real é vista como o primeiro ato de introjeção, bem como o limite radical do sujeito.

Em Dolar, a idealidade desse núcleo de interioridade estabelece o limite tanto para a materialização como para a subjetivação; constitui a falta constitutiva ou o Real não simbolizável. Como forcluído ou introjetado, o objeto primário é perdido e idealizado de uma só vez; a ideia adquirida por esse objeto através da introjeção constitui a idealidade fundadora da subjetividade. Essa constatação é uma das que Althusser parece não ter percebido; Dolar, todavia, parece atribuir a Althusser a própria distinção entre materialidade e idealidade, elaborada de forma insuficiente na teoria de Althusser:

---

[61] DOLAR. Beyond Interpellation, p. 76.

existe um passo no surgimento do sujeito e do Outro que Althusser não considera e que talvez possa ser mais bem ilustrado pelo exemplo do próprio Althusser. Para elucidar a transição entre a materialidade externa dos aparelhos de Estado (instituições, práticas, rituais, etc.) e a interioridade da subjetividade ideológica, Althusser toma emprestada uma sugestão famosa de Pascal, qual seja, seu infame conselho de que a melhor maneira de se tornar um crente é seguir os rituais religiosos (p. 88).

Dolar se refere a isso como um "ritual sem sentido", e em seguida inverte o relato de Althusser com o intuito de estabelecer que o credo e o ritual são efeitos de uma "suposição" – o ritual segue a crença, mas não é sua condição de produção. Dolar enfatiza a incapacidade da teoria da prática ritual em Althusser de explicar a motivação para orar: "O que o fez seguir o ritual? Por que ele concordou em repetir uma série de gestos sem sentido?" (p. 89).

É impossível responder as perguntas de Dolar nos termos de Althusser, mas os próprios pressupostos das questões de Dolar podem ser contrapostos com uma explicação althusseriana. O fato de Dolar presumir um sujeito consentidor que antecede a performance do ritual sugere que, para ele, o sujeito volitivo já deve existir para que explique a motivação. Mas como surge esse sujeito consentidor? Esse sujeito que supõe e consente parece preceder e condicionar a "entrada" no simbólico e, portanto, o vir a ser do sujeito. A circularidade é clara, mas como devemos entendê-la? Althusser erra por não apresentar o sujeito como antecedente à sua formação, ou esse "erro" indica apenas que os requisitos gramaticais da narrativa vão de encontro ao relato que ela pretende dar sobre a formação do sujeito? Literalizar ou atribuir um estado ontológico ao requisito gramatical do "sujeito" é presumir uma relação mimética entre a gramática e a ontologia, uma relação que desconsidera a ideia, tanto althusseriana quanto lacaniana, de que as antecipações da gramática sempre se dão apenas de forma retroativa. A gramática que rege a narração da formação do sujeito pressupõe que o lugar gramatical do sujeito já tenha sido estabelecido. Em um sentido importante, então, a gramática que a narrativa requer resulta da própria narrativa. O relato da formação do sujeito é, portanto, uma dupla ficção contraditória, que sintomatiza repetidamente o que resiste à narração.

Wittgenstein observa: "Nós falamos, proferimos palavras, e só depois temos uma ideia de sua vida".[62] A antecipação desse sentido rege o ritual "vazio" que é a fala e assegura sua iterabilidade. Nesse sentido, então, não devemos nem acreditar antes de nos ajoelhar nem saber o sentido das palavras antes de falar. Pelo contrário, as duas coisas são performadas "com a fé" de que o sentido chegará na própria articulação e através dela – uma antecipação que, desse modo, não é regida por uma garantia de satisfação noemática. Se a suposição e o consentimento são impensáveis fora da linguagem da suposição e do consentimento, e se essa linguagem é, ela mesma, a sedimentação de formas rituais – os rituais do cartesianismo –, então o ato pelo qual poderíamos "consentir" em nos ajoelhar não é nem mais nem menos ritualístico do que o próprio ajoelhar-se.

Dolar faz sua objeção explicitamente teológica ao sugerir que a reformulação que faz Althusser da noção de materialidade para incluir o campo da ideologia é muito inclusiva, que não deixa espaço para uma idealidade não materializável, o objeto perdido e introjetado que inaugura a formação do sujeito. No entanto, ainda resta esclarecer precisamente como Dolar interpreta a "materialidade" em Althusser, e se a dimensão ritual e, por conseguinte, *temporal* da materialidade em Althusser é obliterada em benefício de uma redução da materialidade ao empiricamente ou socialmente dado:

---

[62] Aqui, a autora cita de memória. A referência é de *Investigações filosóficas*: "Nós falamos, fazemos colocações e somente mais tarde obtemos uma imagem de sua vida" (WITTGENSTEIN, Ludwig. *Investigações filosóficas*. Tradução de Marcos G. Montagnoli. 6. ed. Petrópolis: Vozes, 2009, p. 272).

> É também por isso que a insistência fervorosa de Althusser na materialidade é insuficiente: o Outro que surge aqui, o Outro da ordem simbólica, não é material, e Althusser encobre essa não materialidade falando sobre a materialidade das instituições e das práticas. Se a subjetividade nasce do seguimento material de certos rituais, isso só acontece porque os rituais funcionam como um automatismo simbólico, isto é, porque são regidos por uma lógica "imaterial" apoiada pelo Outro. Esse Outro não pode ser descoberto examinando a materialidade [...]. Em última instância, o que conta não é o fato de serem materiais, mas sim de serem regidos por um código e por uma repetição (p. 89).

Esta última observação representa uma oposição entre materialidade e repetição que parece estar em conflito direto com a própria argumentação de Althusser. Se a ideologia é material na medida em que consiste em um conjunto de práticas, e as práticas são regidas por rituais, então a materialidade é definida tanto pelo ritual e pela repetição quanto por concepções mais estritamente empiristas. Além disso, os rituais da ideologia são materiais na medida em que adquirem uma capacidade *produtiva*, e, no texto de Althusser, o que os rituais produzem são sujeitos.

Dolar explica que os rituais não produzem sujeitos, mas subjetividade, e só podem fazê-lo na medida em que são regidos por uma lógica simbólica ou reiterativa, uma lógica que é imaterial. A subjetividade, para Dolar, "nasce do seguimento material de certos rituais", e disso concluímos que esse "nascimento" não é em si material, mas a ideia de "seguir" um ritual tem uma dimensão material. A subjetividade surge imaterialmente de uma performance ritual material, mas isso só acontece se houver uma lógica que preceda e apoie essa performance ritual, uma lógica imaterial que codifica e reencena os efeitos idealizadores da introjeção. Mas como distinguimos a repetição própria do ritual e a repetição própria do "automatismo simbólico"?

Consideremos como essas duas repetições são inseparáveis na descrição de Althusser sobre a materialidade das ideias e o ideal na ideologia:

> Desaparecem as ideias como tais (enquanto dotadas de uma existência ideal ou espiritual), na exata medida em que ficou claro que sua existência está inscrita nos atos ou práticas regidos por rituais que se definem, em última instância, por um aparelho ideológico. Assim, evidencia-se que o sujeito age na medida em que "é agido" pelo seguinte sistema (enunciado na ordem de sua determinação real): uma ideologia existente num aparelho ideológico material, que prescreve práticas materiais regidas por um ritual material, práticas estas que existem nos atos materiais de um sujeito que age, com plena consciência, de acordo com sua crença.[63]

As ideias existem "inscritas" em atos que são práticas reguladas por rituais. Podem aparecer de outra maneira e ter uma "existência" fora do ritual? Como seria repensar o material não só como uma repetição regulada, mas também como uma repetição que produz um sujeito que age, com plena consciência, de acordo com sua crença? A crença do sujeito não é diferente da de Pascal: as duas são o resultado da repetida evocação que Althusser chama de "materialidade". Dolar argumenta que a Althusser não leva em conta a distinção entre a materialidade e o simbólico, mas onde colocaríamos a "interpelação" ao delinear essa divisão? Ela é a voz do simbólico, é a voz ritualizada do Estado, ou as duas se tornaram indissolúveis? Para usar o termo de Dolar, se o simbólico adquire sua "existência" apenas no ritual, o que estabelece a idealidade desse campo simbólico além dos vários modos de sua aparição e iterabilidade? O ritual ocorre através da repetição, e a repetição implica a descontinuidade do material, a irredutibilidade da materialidade em relação à fenomenalidade.

---

[63] ALTHUSSER. Ideologia, p. 131.

Em sentido estrito, o intervalo de ocorrência da repetição não *aparece*; ele é, por assim dizer, a ausência pela qual se articula o fenomênico. Mas essa não aparição ou ausência não é, por essa razão, uma "idealidade", pois está vinculada à articulação como sua necessidade constitutiva e ausente.

A resistência teológica ao materialismo é exemplificada quando Dolar defende explicitamente a herança cartesiana de Lacan,[64] sua insistência na pura idealidade da alma, mas o impulso teológico também estrutura a obra de Althusser na figura da lei punitiva. Dolar sugere que, embora a lei tenha êxito na regulação dos sujeitos, ela não alcança determinado registro interior do amor: "há um resíduo envolvido no mecanismo da interpelação, a sobra do corte certeiro, e [...] esse resíduo pode ser localizado na experiência do amor" (p. 85). Um pouco mais adiante, ele pergunta: "Poderíamos dizer que o amor é o que encontramos além da interpelação?".

Nesse contexto, o amor é, nas palavras de Dolar, uma "escolha forçada" – isso sugere que o que ele esperava da concepção de um sujeito que "consente" em se ajoelhar e orar é o relato de algum tipo de "consentimento forçado". O amor está além da interpelação precisamente porque se considera que ele é forçado por uma lei imaterial – o simbólico – que está acima das leis rituais que regem as várias práticas do amor: "O Outro que surge aqui, o Outro da ordem simbólica, não é material, e Althusser encobre essa não materialidade falando sobre a materialidade das instituições e das práticas" (p. 89). O Outro que está perdido, introjetado, que supostamente se torna a condição imaterial do sujeito, inaugura a repetição específica do simbólico, a fantasia pontuada de um retorno que nunca se completa ou não pode se completar.

Aceitemos provisoriamente esse relato psicanalítico sobre a formação do sujeito, admitamos que o sujeito não pode se formar, exceto através de uma relação barrada com o Outro, e consideremos também que que esse Outro barrado reapareça

---

[64] DOLAR. Beyond Interpellation, p. 78.

como a condição introjetada da formação do sujeito, cindindo-o em seu começo. Ainda assim, existem outras formas de "perder" o Outro que não sejam a introjeção? Existem várias maneiras de introjetar esse Outro? Poderíamos dizer que esses termos são culturalmente elaborados, aliás, ritualizados, a tal ponto que nenhum metaesquema da lógica simbólica escapa à hermenêutica da descrição social?

Significativamente, ainda que as interpelações sociais sejam descritas por Dolar como um "fracasso" constante na constituição dos sujeitos, parece não haver nenhum "fracasso" no caráter compulsivo do amor. Na medida em que a introjeção primária é um ato de amor, eu diria que não é um ato executado apenas uma vez, mas sim algo reiterado – ritual, até. Mas o que nos impede de fazer a analogia de que nos apaixonamos da mesma maneira que nos ajoelhamos e oramos, ou de que podemos perfeitamente fazer uma coisa enquanto pensamos fazer a outra?

Apesar disso, a sugestão de Dolar de que o amor pode estar "além" da interpelação é uma afirmação válida. Althusser teria se beneficiado de uma melhor compreensão de como a lei se torna o objeto do apego apaixonado, uma estranha cena de amor. Pois a consciência que obriga o transeunte a se virar quando ouve a abordagem do policial, ou que incita o assassino a sair às ruas em busca da polícia, parece ser impulsionada pelo amor da lei que só pode ser satisfeito pela punição ritual. Na medida em que Althusser aponta para essa análise, ele começa a explicar como um sujeito se forma através da busca apaixonada pelo reconhecimento repressor do Estado. O fato de o sujeito se virar para a lei ou se apressar na direção dela sugere que o sujeito vive na expectativa apaixonada da lei. Esse amor não está além da interpelação; antes, ele forma o círculo apaixonado no qual o próprio Estado enreda o sujeito.

O fracasso da interpelação precisa claramente ser avaliado, mas representar esse fracasso em termos que retratem uma estrutura de amor fora do campo social é correr o risco de reificar formas sociais específicas de amor como fatos psíquicos eternos. Além disso, também continua sem explicar a paixão que precede e forma a consciência, que precede e forma a possibilidade do amor, que explica o fracasso da interpelação em constituir plenamente o sujeito que ela nomeia. A interpelação tem seu sucesso "barrado" não por uma forma estruturalmente permanente de proibição (ou forclusão), mas por sua incapacidade de determinar o campo constitutivo do ser humano. Se a consciência é uma das formas assumidas pelo apego apaixonado à existência, então o fracasso da interpelação deve ser encontrado precisamente no apego apaixonado que possibilita seu funcionamento. De acordo com a lógica da consciência, que restringe Althusser totalmente, a existência do sujeito não pode ser garantida linguisticamente sem o apego apaixonado pela lei. Essa cumplicidade ao mesmo tempo condiciona e limita a viabilidade de um questionamento crítico da lei. Não podemos criticar demais os termos que garantem nossa própria existência.

Mas se as possibilidades discursivas da existência excedem a reprimenda representada pela lei, isso não reduziria a necessidade de confirmar a culpa e se lançar no caminho da conscienciosidade como forma de obter um ponto de apoio na identidade? Quais são as condições sob as quais nosso próprio senso de sobrevivência linguística depende da nossa vontade de nos voltarmos sobre nós mesmos, isto é, em que atingir o ser reconhecível requer nossa autonegação, requer que existamos como um ser que nega a si mesmo com a finalidade de obter e preservar seu status de "ser"?

Numa perspectiva nietzschiana, essa moral de escravo pode ser baseada na conjectura sensata de que é melhor "ser" escravizado dessa maneira do que não "ser" de modo nenhum. Mas os termos que limitam a opção de ser e não ser "pedem" outro tipo de resposta. Sob quais condições uma lei monopoliza os termos da existência de maneira tão completa? Ou se trata de uma fantasia teológica da lei? Existe a possibilidade de sermos em outro lugar ou de outra maneira sem negar nossa cumplicidade com a lei à qual nos opomos? Tal possibilidade exigiria um tipo diferente de virada, uma virada que, com a permissão da lei, afaste-se dela e resista ao seu engodo de identidade, uma capacidade de ação que supere as condições de seu surgimento e se oponha a elas. Essa virada exigiria uma disposição de *não* ser – uma dessubjetivação crítica – com a finalidade de expor a lei como menos poderosa do que parece. Quais formas a sobrevivência linguística assumiria nesse campo dessubjetivizado? Como conheceríamos nossa própria existência? Por meio de quais termos ela seria reconhecida e reconhecível? Essas perguntas não podem ser respondidas aqui, mas elas indicam um direcionamento para o pensar que talvez seja anterior à questão da consciência, a saber, a questão que preocupou Espinosa, Nietzsche e, mais recentemente, Giorgio Agamben: como entender como desejo constitutivo o desejo de ser? Se reconsiderarmos a consciência e a interpelação nesse contexto explicativo, poderemos acrescentar mais uma pergunta: como esse desejo é explorado não apenas por uma lei singular, mas por leis de vários tipos, de modo que nos rendamos à subordinação para manter algum sentido de "ser" social?

Em conclusão, Agamben nos oferece uma direção para repensar a ética no sentido do desejo de ser, portanto, à distância de qualquer formação particular da consciência:

> Se o homem fosse ou tivesse que ser esta ou aquela substância, este ou aquele destino, não haveria nenhuma experiência ética possível [...]. Isso não significa, todavia, que o homem não seja nem tenha que ser alguma coisa, que ele seja simplesmente entregue ao nada e possa, portanto, a seu arbítrio decidir ser ou não ser, estabelecer ou não estabelecer este ou aquele destino (niilismo e decisionismo se encontram neste ponto). Há, de fato, algo que o homem é e tem de ser, mas este algo não é uma essência, não é, aliás, propriamente uma coisa: é

o simples fato da própria existência como possibilidade ou potência.[65]

Podemos interpretar as palavras de Agamben como a afirmação de que essa possibilidade deve se transformar em algo, mas não pode anular seu caráter de possibilidade através da transformação. Ou melhor, podemos reinterpretar o "ser" precisamente como a potencialidade que não se esgota por nenhuma interpelação particular. Esse fracasso da interpelação pode perfeitamente enfraquecer a capacidade do sujeito de "ser" em um sentido idêntico a si mesmo, mas também pode marcar o caminho rumo a um tipo de ser mais aberto e até mais ético, do futuro ou para o futuro.

---

[65] AGAMBEN, Giorgio. *A comunidade que vem*. Tradução de Cláudio Oliveira. Belo Horizonte: Autêntica, 2013, p. 45.

Gênero melancólico/identificação recusada[66]

> *No luto, o mundo se tornou pobre e vazio;*
> *na melancolia, foi o próprio Eu.*
> Freud, "Luto e melancolia"

> *Como sucede, então, que na melancolia o Supereu possa tornar-se*
> *uma espécie de local de reunião dos instintos de morte?*
> Freud, *O Eu e o Isso*

Talvez pareça estranho, à primeira vista, conceber o gênero como uma espécie de melancolia, ou como um dos efeitos da melancolia. Mas vamos nos lembrar de que o próprio Freud, em *O Eu e o Isso*, reconheceu que a melancolia, processo inacabado de luto, é fundamental para a formação das identificações que formam o Eu. De fato, as identificações formadas pelo luto inacabado são os modos pelos quais o objeto perdido é incorporado e preservado fantasticamente no Eu e como o Eu. Em conjunto com essa constatação, consideremos o comentário posterior de Freud de que "o Eu é sobretudo corporal",[67] não meramente

---

[66] Este artigo foi apresentado pela primeira vez nos encontros da Divisão 39 da Associação Americana de Psicologia, em Nova York, em abril de 1993. Posteriormente foi publicado com a réplica de Adam Phillips e minha tréplica em *Psychoanalytic Dialogues: A Journal of Relational Perspectives*, v. 5, n. 2, p. 165-194, 1995.

[67] FREUD, Sigmund. The Ego and the Id. In: *The Standard Edition of the Complete Psychological Works of Sigmund Freud*. Tradução para o inglês de James Strachey. Londres: Hogarth, 1953-1974, v. 19, p. 26. [Edição

uma superfície, mas sim "a projeção de uma superfície". Além disso, esse Eu corporal assume uma morfologia de gênero, de modo que o Eu corporal também é um Eu com gênero. Eu gostaria primeiro de explicar em que sentido uma identificação melancólica é fundamental para o processo em que o Eu assume um caráter de gênero. Depois, devo explorar como essa análise da formação melancólica do gênero esclarece a contrariedade de vivermos numa cultura que só consegue prantear a perda do apego homossexual com grande dificuldade.

Refletindo sobre as especulações feitas em "Luto e melancolia", Freud escreve em *O Eu e o Isso* que, no ensaio anterior, ele havia suposto que:

> um objeto perdido é novamente estabelecido no Eu, ou seja, um investimento objetal é substituído por uma identificação. Mas ainda não reconhecíamos, então, todo o significado deste processo, e não sabíamos como ele é típico e frequente. Desde então compreendemos que tal substituição participa enormemente na configuração do Eu e contribui de modo essencial para formar o que se denomina seu *caráter* ([s.p.]).

Mais adiante no mesmo texto, Freud expande essa ideia: "se um objeto sexual deve ou tem de ser abandonado, não é raro sobrevir uma alteração do Eu, que é preciso descrever como estabelecimento do objeto no Eu, como sucede na melancolia". Ele conclui essa discussão sugerindo que "talvez essa identificação seja absolutamente a condição sob a qual o Eu abandona seus objetos [...] e pode possibilitar a concepção de que o caráter do Eu é um precipitado dos investimentos objetais abandonados, de que contém a história dessas escolhas de objeto". O que Freud chama aqui de "caráter do Eu" parece ser a sedimentação de objetos amados e perdidos, o resíduo arquitetônico, por assim dizer, do luto não resolvido.

---

brasileira: O Eu e o Id. In: *O eu e o Id, "Autobiografia" e outros textos (1923-1925)*. Tradução de Paulo César de Souza. São Paulo: Companhia das Letras, 2011. (Obras Completas, v. 16). E-book, sem paginação.]

O que talvez seja mais marcante nessa formulação é como Freud inverte sua opinião de "Luto e melancolia" a respeito do que significa resolver o luto. No primeiro ensaio, Freud supõe que o luto possa ser resolvido através de um desinvestimento, uma ruptura do apego, bem como a criação subsequente de novos apegos. Em *O Eu e o Isso*, ele abre espaço para a ideia de que a identificação melancólica possa ser um *pré-requisito* para deixar o objeto ir. Ao dizer isso, ele altera o significado de "deixar o objeto ir", pois não há uma ruptura final do apego. Em vez disso, o apego é incorporado *como* identificação, aqui considerada uma forma mágica, psíquica, de preservar o objeto. Na medida em que a identificação é a preservação psíquica do objeto, e que essas identificações acabam por formar o Eu, o objeto perdido continua a assombrar e habitar o Eu como uma de suas identificações constitutivas. O objeto perdido, nesse sentido, coexiste com o próprio Eu. Com efeito, poderíamos concluir que a identificação melancólica permite a perda do objeto no mundo externo precisamente porque possibilita uma maneira de *preservar* o objeto como parte do Eu e, portanto, evitar que a perda seja completa. Aqui percebemos que deixar o objeto ir significa, paradoxalmente, não o abandonar por completo, mas transformar seu caráter externo em caráter interno. Desistir do objeto só se torna possível na existência de uma internalização melancólica, ou daquilo que, para o nosso propósito atual, pode ser ainda mais importante: uma *incorporação* melancólica.

Se na melancolia uma perda é recusada, não é por isso que ela é abolida. A internalização preserva a perda na psique; mais precisamente, a internalização da perda faz parte do mecanismo de sua recusa. Se o objeto não pode mais existir no mundo externo, ele existirá internamente, e essa internalização será uma maneira de renegar a perda, de mantê-la à distância, de retardar ou adiar o reconhecimento e o sofrimento da perda.

É possível que as identificações *de gênero*, ou melhor, as identificações que se tornam fundamentais para a formação do gênero, sejam produzidas através da identificação melancólica? Parece claro que as posições do "masculino" e do "feminino" que Freud define em *Três ensaios sobre a teoria sexual* (1905) como os efeitos de uma consumação árdua e incerta são estabelecidas em parte através de proibições que *exigem a perda* de certos apegos sexuais, e exigem também que essas perdas *não* sejam admitidas e *não* sejam pranteadas. Se a suposição da feminilidade e a suposição da masculinidade procedem da consumação de uma heterossexualidade sempre tênue, podemos entender que a força dessa consumação determina o abandono dos apegos homossexuais ou, talvez de modo mais incisivo, *inviabiliza* a possibilidade do apego homossexual, uma forclusão da possibilidade que coloca a homossexualidade na categoria de paixão inviável e perda não pranteada. Essa heterossexualidade se produz não só implementando a proibição do incesto, mas também, antes disso, impondo a proibição da homossexualidade. O conflito edipiano pressupõe que o desejo heterossexual já tenha sido *consumado*, que a distinção entre heterossexual e homossexual já tenha sido imposta (uma distinção desnecessária, no fim das contas); nesse sentido, a proibição do incesto pressupõe a proibição da homossexualidade, pois pressupõe a heterossexualização do desejo.

Para aceitar essa teoria, devemos partir do pressuposto de que o masculino e o feminino não são disposições, como Freud argumenta algumas vezes, mas sim consumações que se manifestam em conjunção com a realização da heterossexualidade. Nesse ponto, Freud articula uma lógica cultural pela qual o gênero é alcançado e estabilizado mediante o posicionamento heterossexual, momento em que as ameaças à heterossexualidade se tornam ameaças ao próprio gênero. A prevalência dessa matriz heterossexual na construção do gênero surge não só no texto de Freud, mas também nas formas culturais de vida que absorveram essa matriz e são habitadas por formas diárias de angústia de gênero. Por conseguinte, o medo do desejo homossexual na mulher pode induzir o pânico de que ela está perdendo sua feminilidade, de que não é mulher, de que não é mais uma mulher propriamente dita, de que se ela não é exatamente um homem, é como se fosse um, e, por isso, é monstruosa de alguma maneira. No homem, o terror do desejo homossexual pode levar ao terror de que ele seja visto como feminino, feminizado, de não ser mais propriamente um homem, de ser um homem "falho" ou de ser, em certo sentido, uma figura de monstruosidade ou abjeção.

Eu diria que, em termos fenomenológicos, existem muitas maneiras de experimentar o gênero e a sexualidade que não se reduzem a essa equação, que não presumem que o gênero seja estabilizado com a instalação de uma heterossexualidade firme; por ora, no entanto, recorro a essa interpretação rígida e hiperbólica da relação entre gênero e sexualidade para refletir sobre a questão da perda não pranteada e não pranteável na formação do que poderíamos chamar de caráter de gênero do Eu.

Consideremos que o gênero é adquirido, pelo menos em parte, pelo repúdio dos apegos homossexuais; a menina se torna menina por estar sujeita a uma proibição que barra a mãe como objeto de desejo e instala esse objeto barrado como parte do Eu – aliás, como uma identificação melancólica. Portanto, a identificação contém em si mesma tanto a proibição quanto o desejo, e assim incorpora a perda não pranteada do investimento homossexual. Se a menina é menina na medida em que não quer uma menina, então querer uma menina colocará em questão o ser menina; nessa matriz, por conseguinte, o desejo homossexual instila pânico no gênero.

A heterossexualidade é cultivada através de proibições, e essas proibições tomam os apegos homossexuais como um de seus objetos, forçando, assim, a perda desses apegos.[68] Se a menina tiver de transferir o amor do pai para um objeto substituto, primeiro ela deverá, de acordo com a lógica freudiana, renunciar ao amor pela mãe de modo tal que tanto o objetivo quanto o objeto serão forcluídos. Ela não deve transferir esse amor homossexual para uma figura feminina substituta, mas renunciar à possibilidade do próprio apego homossexual. Somente nessa condição o objetivo heterossexual se estabelece como o que alguns chamam de orientação sexual. É somente

---

[68] Presumivelmente, deve-se direcionar a sexualidade para que se afaste das coisas, dos animais, de partes de tudo isso e de apegos narcisistas de vários tipos.

com a condição dessa forclusão da homossexualidade que o pai e seus substitutos podem se tornar objetos de desejo, e a mãe pode se tornar o lugar incômodo da identificação. Tornar-se um "homem" dentro dessa lógica exige o repúdio à feminilidade como condição prévia para a heterossexualização do desejo sexual e sua ambivalência fundamental. Se um homem se torna heterossexual por repudiar o feminino, onde esse repúdio poderia existir senão na identificação que sua vida heterossexual procura negar? Na verdade, o desejo pelo feminino é marcado por esse repúdio: ele quer a mulher que ele nunca seria. Nem morto ele seria ela: por isso ele a quer. Ela é sua identificação repudiada (um repúdio que, para ele, é simultaneamente identificação e objeto de seu desejo). Uma das finalidades mais angustiantes de seu desejo é elaborar a diferença entre ele e ela, e ele tentará encontrar e instaurar a prova dessa diferença. Seu querer será assombrado pelo medo de ser o que ele quer, de modo que seu querer também sempre será uma espécie de medo. O que é repudiado e por isso perdido se preserva como identificação repudiada, e é justamente por isso que esse desejo tentará superar uma identificação que nunca pode ser completa.

Na verdade, ele não se identificará com ela e não desejará outro homem. Essa recusa ao desejo, esse sacrifício do desejo sob a força da proibição, incorporará a homossexualidade como uma identificação com a masculinidade. Mas essa masculinidade será assombrada pelo amor que não pode prantear, e antes de eu sugerir o que pode haver de verdade nisso, eu gostaria de instituir o tipo de ensaio que escrevo aqui como um certo engajamento cultural com a teoria psicanalítica que não pertence aos campos da psicologia nem à psicanálise, mas que, no entanto, busca estabelecer uma relação intelectual com as duas.

Até agora, meu ensaio se parece com a exegese de uma certa lógica psicanalítica que aparece em alguns textos psicanalíticos, mas que às vezes é contestada por esses e outros textos. Não tenho a intenção de fazer afirmações empíricas nem de elaborar um panorama sobre os estudos psicanalíticos atuais sobre gênero, sexualidade ou melancolia. Quero apenas mostrar o que, para mim, são algumas convergências produtivas entre o pensamento de Freud sobre as perdas não pranteadas e não pranteáveis e a contrariedade de vivermos numa cultura que só consegue prantear a perda do apego homossexual com grande dificuldade. Essa problemática é ainda mais complicada quando consideramos a devastação provocada pela aids e a tarefa de encontrar uma ocasião pública e uma linguagem comum para prantear essa quantidade aparentemente infinita de mortes. Em sentido amplo, esse problema se faz sentir na incerteza que paira sobre a consideração do amor homossexual e da perda homossexual: trata-se de um amor "verdadeiro", de uma perda "verdadeira", de um amor e uma perda dignos e suscetíveis de luto, portanto dignos e suscetíveis de terem sido vividos? Ou se trata de um amor e de uma perda assombrados pelo espectro de uma irrealidade, de uma impensabilidade, a dupla renegação "Eu nunca a amei, jamais a perdi" proferida pela mulher, e "Eu nunca o amei, jamais o perdi" proferida pelo homem? É esse o "nunca-jamais" que dá suporte à superfície naturalizada da vida heterossexual, bem como sua melancolia difusa? É por meio dessa renegação da perda que se dá a formação sexual, inclusive a formação sexual gay?

Se partimos do princípio de que a proibição da homossexualidade opera em toda uma cultura amplamente heterossexual como uma de suas operações definidoras, concluímos que a perda de objetos e objetivos homossexuais (não apenas esta pessoa do mesmo gênero, mas *qualquer* pessoa do mesmo gênero) parece forcluída desde o início. Digo "forcluída" para sugerir que a perda é preventiva, um luto por possibilidades não vividas. Se esse amor está fora de questão desde o início é porque não pode acontecer, e se acontece, certamente não aconteceu. Se acontece, só acontece sob o signo oficial de sua proibição e renegação.[69] Quando certos tipos de perda são impostos por um

---

[69] A ideia de forclusão se tornou o termo lacaniano para a ideia de *Verwerfung* em Freud. Distinta da repressão entendida como ação do sujeito já formado, a forclusão é um ato de negação que funda

conjunto de proibições culturalmente predominantes, podemos esperar uma forma de melancolia culturalmente predominante que sinaliza a internalização do investimento homossexual não pranteado e não pranteável. E quando não há reconhecimento ou discurso públicos que possam nomear e promover o luto dessa perda, a melancolia assume dimensões culturais de consequência imediata. É claro, não admira que quanto mais hiperbólica e defensiva a identificação masculina, mais feroz o investimento homossexual não pranteado. Nesse sentido, podemos entender que tanto a "masculinidade" quanto a "feminilidade" se formam e se consolidam por meio de identificações constituídas em parte por um luto renegado.

Se aceitarmos a ideia de que a heterossexualidade se naturaliza pela insistência na alteridade radical da homossexualidade, então a identidade heterossexual é adquirida através da incorporação melancólica do amor que renega: o homem que insiste na coerência de sua heterossexualidade dirá que nunca amou outro homem, por isso jamais perdeu outro homem. Esse amor, esse apego, torna-se sujeito a uma dupla renegação de nunca haver amado e jamais haver perdido. Esse "nunca-jamais", portanto, funda o sujeito heterossexual, por assim dizer; sua identidade se baseia na recusa de reconhecer um apego e, por conseguinte, na recusa de prantear.

Talvez haja uma maneira culturalmente mais instrutiva de descrever esse cenário, pois a questão não tem a ver apenas com a indisposição do indivíduo para aceitar e, por conseguinte, prantear os apegos homossexuais. Quando a proibição da homossexualidade permeia uma cultura, a "perda" do amor homossexual é provocada por uma proibição repetida e ritualizada em toda a cultura. O resultado é uma cultura da melancolia de gênero em que a masculinidade e a feminilidade surgem

---

e forma o sujeito. Ver a entrada "Forclusion" em LAPLANCHE, Jean; PONTALIS, Jean-Bertrand. *Vocabulaire de la psychanalyse*. Paris: Presses Universitaires de France, 1967, p. 163-167. [Edição brasileira: *Vocabulário da psicanálise*. Tradução de Pedro Tamen. 4. ed. São Paulo: Martins Fontes, 2001, p. 194-198.]

como vestígios de um amor não pranteado e não pranteável; na verdade, uma cultura da melancolia de gênero em que a masculinidade e a feminilidade, dentro da matriz heterossexual, são fortalecidas pelos repúdios que elas performam. Em oposição à ideia de sexualidade que "expressa" um gênero, entendemos que o próprio gênero é composto precisamente do que permanece inarticulado na sexualidade.

Se entendermos a melancolia de gênero dessa maneira, talvez possamos encontrar sentido no fenômeno peculiar do desejo homossexual que se torna uma fonte de culpa. Em "Luto e melancolia", Freud argumenta que a melancolia é marcada pela experiência da autocensura. Escreve ele:

> Se escutamos pacientemente as múltiplas autoacusações do melancólico, não conseguimos no final conter a impressão de que as mais violentas entre elas frequentemente se adéquam muito pouco à sua própria pessoa, mas que, com ligeiras modificações, podem ser adequadas para outra pessoa que o doente ama, amou ou devia amar. [...] reconhecemos as autorrecriminações como recriminações contra um objeto de amor, a partir do qual se voltaram para o próprio Eu.[70]

Freud continua sua conjectura de que os conflitos com o outro que permanecem sem solução no momento em que o outro é perdido ressurgem na psique como uma forma de continuar a disputa. Na verdade, a raiva pelo outro sem dúvida é exacerbada pela morte ou pelo afastamento que ocasionam a perda. Mas essa raiva se volta para dentro e se torna a substância da autocensura.

Em "Introdução ao narcisismo", Freud associa a experiência da culpa com o retorno ao Eu da libido homossexual.[71]

---

[70] FREUD, Sigmund. Mourning and Melancholia. In: *Standard Edition*, v. 14, p. 169. [Edição brasileira: Luto e melancolia. In: *Neurose, psicose, perversão*. Tradução de Maria Rita Salzano Moraes. Belo Horizonte: Autêntica, 2016, p. 105-106. (Obras Incompletas, v. 5).]

[71] FREUD, Sigmund. On Narcissism: An Introduction. In: *Standard Edition*, v. 14, p. 81-82. [Edição brasileira: Introdução ao narcisismo.

Sem considerar se a libido pode ser homossexual ou heterossexual, podemos reformular Freud e interpretar a culpa como o retorno ao Eu do apego homossexual. Se a perda se torna uma cena de conflito renovada, e se a agressão resultante da perda não pode ser articulada ou externalizada, então ela recai sobre o próprio Eu na forma de Supereu. Isso acaba levando Freud a associar a identificação melancólica com a instância do Supereu em *O Eu e o Isso*, mas em "Introdução ao narcisismo" já temos uma ideia de como o sentimento de culpa se forja desde a homossexualidade não pranteável.

É na melancolia que o Eu se torna miserável, mas ele aparece como miserável precisamente através das operações da autocensura. O ideal do Eu, que Freud chama de "medida" em relação à qual o Eu é julgado pelo Supereu, é precisamente o ideal de retidão social definido contra a homossexualidade. Esse ideal, segundo Freud, tem um "lado social":

> é também o ideal comum de uma família, uma classe, uma nação. Liga não apenas a libido narcísica, mas também um montante considerável da libido homossexual de uma pessoa, que por essa via retorna ao Eu. A insatisfação pelo não cumprimento desse ideal libera libido homossexual, que se transforma em consciência de culpa (angústia social).

Mas o movimento dessa "transformação" não está totalmente claro. Afinal, Freud dirá em *O mal-estar na civilização* que esses ideais sociais se transformam em sentimento de culpa através de uma espécie de internalização que, em última instância, não é mimética. Em "Introdução ao narcisismo",[72] ele não diz que o sujeito trata a si mesmo com a mesma severidade com que foi tratado, mas sim que a agressão direcionada ao ideal e sua irrealizabilidade volta-se para dentro, e essa autoagressão

---

In: *Introdução ao narcisismo, Ensaios de metapsicologia e outros textos (1914-1916)*. Tradução de Paulo César de Souza. São Paulo: Companhia das Letras, 2010. (Obras Completas, v. 12). E-book, sem paginação.]

[72] Na verdade, a citação de Freud não é de "Introdução ao narcisismo", mas sim de *O mal-estar na civilização*. (N.T.)

se torna a estrutura primária da consciência "ao acolher dentro de si, por identificação, essa autoridade inatacável".

Nesse sentido, na melancolia, o Supereu pode se tornar um local de reunião para os instintos de morte. Como tal, ela não é necessariamente igual a esses instintos ou a seus efeitos. Desse modo, a melancolia atrai para o Supereu os instintos de morte, que são um esforço regressivo em direção ao equilíbrio orgânico, e a autocensura do Supereu se utiliza desse esforço regressivo em benefício próprio. A melancolia é tanto a recusa do luto quanto a incorporação da perda, uma imitação da morte que ela não pode prantear. No entanto, a incorporação da morte é baseada nos instintos de morte com tanta demasia que podemos perfeitamente perguntar se é possível separar as duas coisas, seja em termos analíticos, seja em termos fenomenológicos.

A proibição da homossexualidade impede o processo de luto e provoca uma identificação melancólica que efetivamente faz o desejo homossexual se voltar sobre si mesmo. Esse voltar-se sobre si é precisamente a ação da autocensura e do sentimento de culpa. Significativamente, a homossexualidade *não é* abolida, mas preservada, embora se preserve justamente na proibição da homossexualidade. Em *O mal-estar na civilização*, Freud deixa claro que a consciência exige o contínuo sacrifício ou a contínua renúncia do instinto para produzir a satisfação peculiar que ela exige; a consciência nunca é aplacada pela renúncia, mas paradoxalmente fortalecida (a "renúncia aumenta a intolerância").[73] A renúncia não suprime o instinto; ela se utiliza dele para seus propósitos, de modo que a proibição e a experiência vivida da proibição como uma renúncia repetida são alimentadas precisamente pelo instinto renunciado. Nesse cenário, a renúncia exige a própria homossexualidade que condena, não como seu objeto externo, mas como sua fonte de sustento mais preciosa. O ato de renunciar

---

[73] FREUD, Sigmund. *Civilization and Its Discontents*. Tradução para o inglês de James Strachey. Nova York: Norton, 1977, p. 81-92. [Edição brasileira: *O mal-estar na civilização*. Tradução de Paulo César de Souza. São Paulo: Companhia das Letras, 2011, p. 75.]

à homossexualidade, portanto, fortalece a homossexualidade de modo paradoxal, mas a fortalece precisamente *enquanto* poder de renúncia. A renúncia se torna o objetivo e o veículo da satisfação. Podemos então supor que é justamente o medo de libertar a homossexualidade desse circuito de renúncia que aterroriza tanto os guardiões da masculinidade nas Forças Armadas dos Estados Unidos. O que "seria" a masculinidade sem esse circuito agressivo de renúncia a partir do qual ela é forjada? O fato de haver gays nas Forças Armadas só ameaça destruir a masculinidade porque essa masculinidade consiste em homossexualidade repudiada.[74]

Algumas sugestões que apresentei em *Bodies That Matter*[75] podem facilitar a transição entre considerar a melancolia como uma economia especificamente psíquica e a produção dos circuitos da melancolia como parte da operação do poder regulador. Se a melancolia designa uma esfera de apego que não é produzida explicitamente como objeto do discurso, ela corrompe a operação de linguagem que não só postula objetos, mas também os regula e os normaliza ao postulá-los. Se à primeira vista a melancolia parece uma forma de contenção, uma forma de internalizar um apego que é barrado do mundo, ela também estabelece as condições psíquicas para considerar "o mundo" em si como contingentemente organizado por determinados tipos de forclusão.[76]

Tendo descrito uma melancolia gerada pela produção compulsória da heterossexualidade, portanto uma melancolia heterossexual que poderíamos observar no funcionamento do gênero em si, eu gostaria de sugerir que formas rígidas de gênero e identificação sexual, sejam homossexuais ou heterossexuais, parecem geram formas de melancolia. Eu gostaria primeiro de reconsiderar a teoria do gênero como performativa, elaborada

---

[74] Ver "Contagious Word: 'Homosexuality' and the Military", em meu *Excitable Speech*. Nova York: Routledge, 1996.

[75] Ver o meu *Bodies That Matter: On the Discursive Limits of "Sex"*. Nova York: Routledge, 1993, p. 169-177.

[76] O argumento que se segue foi retirado de *Bodies That Matter*, p. 233-236.

por mim em *Problema de gênero*, e depois abordar a questão da melancolia gay e as consequências políticas da perda não pranteável.

Em *Problemas de gênero*, argumentei que o gênero é performativo, ou seja, que nenhum gênero é "expresso" por ações, gestos ou discurso, mas que a performance do gênero produz retroativamente a ilusão de que existe um núcleo interno de gênero. Em outras palavras, a performance de gênero produz retroativamente o efeito de alguma essência ou disposição feminina verdadeira ou permanente, de modo que não se pode usar um modelo expressivo para pensar sobre gênero. Além disso, defendi que o gênero é produzido como uma repetição ritualizada de convenções e que esse ritual é socialmente imposto em parte pela força de uma heterossexualidade compulsória. Nesse contexto, voltarei à questão do *drag* para esclarecer minha compreensão de que a psicanálise está associada à performatividade de gênero, e que a performatividade está associada à melancolia.

Não basta dizer que o gênero é performado, ou que não podemos derivar o significado de gênero a partir de sua performance, quer repensemos ou não a performance como um ritual social obrigatório. Está claro que há operações do gênero que não "se mostram" no que é performado como gênero, e seria um erro reduzir as operações psíquicas do gênero à performance de gênero. A psicanálise insiste que a opacidade do inconsciente limita a exteriorização da psique. Ela também afirma – com razão, acredito – que o que é exteriorizado ou performado só pode ser entendido por referência ao que é barrado da performance, o que não pode ou não será performado.

A relação entre as performances do *drag* e a performatividade de gênero em *Problemas de gênero* é mais ou menos esta: quando um homem performa o *drag* como mulher, a "imitação" que se atribui ao *drag* é tida como uma "imitação" da feminilidade, mas a "feminilidade" imitada pelo *drag* não é entendida como imitação. Contudo, se consideramos que o gênero é adquirido, que é assumido em relação a ideais que nunca são habitados por ninguém, então a feminilidade é um ideal que todos, sempre e unicamente, "imitam". Desse modo, o *drag* imita a estrutura imitativa do gênero, o que revela o próprio gênero como uma imitação. Por mais atraente que essa formulação possa parecer, ela não fala de como certas formas de renegação e repúdio acabam organizando a performance de gênero. Como o fenômeno da melancolia de gênero está relacionado à prática da performatividade de gênero? Além disso, dada a figura iconográfica da melancólica *drag queen*, poderíamos perguntar se na incorporação mimética de gênero que é o *drag* não existe um anseio não satisfeito. Nesse sentido, também poderíamos questionar em que sentido a performance implica uma "atuação" [*acting out*], no sentido psicanalítico, no que se refere à renegação que lhe dá origem e que ela põe em ato. Se a melancolia, no sentido freudiano, é o efeito de uma perda não pranteada,[77] a performance, entendida como "atuação", pode estar relacionada ao problema da perda não reconhecida. Se há uma perda não pranteada na performance do *drag*, talvez essa perda seja recusada e incorporada na identificação performada, uma perda que reitera uma idealização de gênero e sua inabitabilidade radical. Não se trata, portanto, de uma territorialização do feminino pelo masculino, tampouco de um signo da plasticidade essencial do gênero. Ao que parece, a performance alegoriza uma perda que ela não pode prantear, alegoriza a fantasia incorporadora da melancolia pela qual se toma ou se aceita o objeto fantasmaticamente incorporado como uma forma de não deixá-lo ir. O gênero em si pode ser entendido em parte como a "atuação" do luto não resolvido.

Essa análise é arriscada porque sugere que no "homem" que performa a feminilidade, ou na "mulher" que performa a masculinidade (esta última, na verdade, equivale sempre a performar um pouco menos, uma vez que a feminilidade é projetada como o gênero espetacular), há um apego à figura da feminilidade por parte do homem, ou à figura da masculinidade pela mulher, bem como uma perda e uma recusa dessas figuras. É importante ressaltar que embora o *drag* seja um esforço para negociar a identificação transgênero, essa identificação não é o único paradigma para pensar a homossexualidade, mas apenas um entre

---

[77] O argumento que se segue foi retirado de *Bodies That Matter*, p. 233-236.

outros. O *drag* alegoriza um conjunto de fantasias incorporadoras melancólicas que estabilizam o *gênero*. Muitos performers *drag* são héteros, mas seria um erro pensar que a homossexualidade é mais bem explicada por meio da performatividade que é o *drag*. O que parece útil nessa análise, no entanto, é que o *drag* expõe ou alegoriza as práticas mundanas psíquicas e performativas pelas quais os gêneros heterossexualizados se formam através da renúncia à possibilidade da homossexualidade, uma forclusão que produz tanto um campo de objetos heterossexuais quanto um campo daqueles aos quais seria impossível amar. O *drag*, portanto, alegoriza a *melancolia heterossexual*, a melancolia pela qual o gênero masculino se forma a partir da recusa de prantear o masculino como possibilidade de amor; o gênero feminino se forma (é aceito, assumido) através da fantasia incorporadora pela qual o feminino é excluído como possível objeto de amor, uma exclusão jamais pranteada, mas "preservada" por uma intensa identificação feminina. Nesse sentido, a melancólica lésbica "mais verdadeira" é a mulher estritamente hétero, e o melancólico gay "mais verdadeiro" é o homem estritamente heterossexual.

O que o *drag* expõe, entretanto, é o fato de que na constituição "normal" da apresentação de gênero, o gênero performado é constituído por um conjunto de apegos renegados, identificações que constituem um âmbito diferente do "imperformável". Na verdade, o que constitui o *sexualmente* imperformável pode – mas não precisa – ser performado como *identificação de gênero*.[78] Na medida em que os apegos homossexuais permanecem desconhecidos dentro da heterossexualidade normativa, eles não se constituem meramente como desejos que vêm à tona e depois são proibidos; antes, são banidos desde o início. E quando surgem do outro lado do censor, eles podem

---

[78] Isso não é sugerir que uma matriz de exclusão diferencie rigorosamente nossa forma de nos identificar e nossa forma de desejar; é perfeitamente possível haver uma sobreposição da identificação e do desejo na troca heterossexual ou homossexual, ou num histórico bissexual de prática sexual. Além disso, "masculinidade" e "feminilidade" não esgotam os termos par representar a identificação ou o desejo erotizados.

carregar consigo a marca da impossibilidade, performando, por assim dizer, o impossível dentro do possível. Desse modo, eles não são apegos que podem ser pranteados abertamente. Portanto, trata-se não tanto de *recusa* ao luto (segundo a formulação de Mitscherlich que acentua a escolha envolvida) quanto de uma apropriação antecipada do luto performada pela falta de convenções culturais para admitir a perda do amor homossexual. Essa falta produz uma cultura de melancolia heterossexual que pode ser percebida nas identificações hiperbólicas pelas quais a masculinidade e a feminilidade heterossexuais mundanas se confirmam. O homem hétero *torna-se* o homem (imita-o, cita-o, apropria-se dele e assume seu status) que ele "nunca" amou e "jamais" pranteou; a mulher hétero *torna-se* a mulher que ela "nunca" amou e "jamais" pranteou. Segue-se que o signo e o sintoma de uma renegação difusa são o que se performa de modo mais evidente no gênero. A melancolia gay, no entanto, também contém uma raiva que pode se converter em expressão política. É precisamente para contrapor esse perigo cultural abrangente da melancolia gay (o que os jornais generalizam como "depressão") que tem havido tanta divulgação e politização do luto por aqueles que morreram de aids. O NAMES Project Quilt[79] é exemplar nesse sentido, pois ritualiza e repete o nome em si como uma forma de reconhecer publicamente uma perda ilimitada.[80]

Enquanto o luto permanecer indizível, o fato de a raiva não ser reconhecida pode a intensificar. E se ela é condenada publicamente, os efeitos melancólicos da condenação podem atingir proporções suicidas. O surgimento de instituições

---

[79] O projeto "AIDS Memorial Quilt" (Colcha de Retalhos da Aids) foi lançado em 1987, em São Francisco, Estados Unidos, pela NAMES Project Foundation. Trata-se de uma colcha gigantesca, confeccionada coletivamente por parentes de vítimas da aids, em que cada painel de retalhos presta homenagem a uma vítima. O projeto continua ativo – em 2017 a colcha já reuniu mais de 49 mil painéis, segundo o site da instituição: http://www.aidsquilt.org. (N.T.)

[80] Ver CRIMP, Douglas. Mourning and Militancy. *October*, v. 51, p. 97-107, 1989.

coletivas para o luto, portanto, é crucial para a sobrevivência, para a reunificação da comunidade, para a rearticulação das relações de parentesco, para a restruturação de relações de apoio. Na medida em que envolvem uma propaganda e uma dramatização da morte, como no caso dos *die-ins* realizados pela Queer Nation,[81] devemos interpretar tudo isso como respostas de afirmação da vida às terríveis consequências psíquicas de um processo de luto culturalmente tolhido e condenado.

Entretanto, a melancolia pode agir dentro da homossexualidade de formas específicas que precisam ser repensadas. Na formação da identidade gay e lésbica, pode haver um esforço para renegar uma relação constitutiva com a heterossexualidade. Quando essa renegação é entendida como a necessidade política de *especificar* a identidade gay e lésbica em contraposição a seu evidente oposto, a heterossexualidade, essa prática cultural culmina paradoxalmente no enfraquecimento do mesmo grupo que ela deveria unir. Além de atribuir um caráter falso e inflexível à heterossexualidade, essa estratégia perde a oportunidade política de influenciar na fraqueza da subjetivação heterossexual e de refutar a lógica da exclusão mútua da qual procede o heterossexismo. Além disso, uma negação completa da inter-relação pode constituir uma rejeição da heterossexualidade que é, até certo ponto, uma identificação *com* a heterossexualidade rejeitada. No entanto, a recusa de reconhecer essa identificação que de certo modo já foi feita – uma recusa que distraidamente designa o campo de uma melancolia especificamente gay, uma perda que não pode ser reconhecida e, por isso, não pode ser pranteada – é importante para essa economia. Para que uma posição de identidade gay ou lésbica mantenha uma aparência coerente, a heterossexualidade deve permanecer nesse lugar de

---

[81] *Die-ins* são protestos nos quais os manifestantes se deitam no chão simulando estarem mortos. A Queer Nation é uma organização ativista formada em março de 1990, em Nova York, com ramificações em diversas cidades dos Estados Unidos. Os *die-ins* estão entre os protestos promovidos pelo grupo, conhecido por táticas de confronto e manifestações provocadoras. (N.T.)

rejeitada e repudiada. Paradoxalmente, é preciso que seus *resíduos* heterossexuais sejam *mantidos* precisamente pela insistência de que a identidade especificamente gay tem uma coerência completa. Aqui deveria deve ficar claro que a recusa radical à identidade sugere que já tenha acontecido uma identificação em algum nível, uma identificação feita e renegada, cuja aparência sintomática é a insistência, a sobredeterminação da identificação que, por assim dizer, está vestida no corpo mostrado.

Isso suscita a questão política do custo de articular uma posição de identidade coerente ao produzir, excluir e repudiar um campo de espectros abjetos que ameaçam o campo arbitrariamente fechado das posições do sujeito. Talvez a conexão só seja possível se arriscarmos a *incoerência* da identidade, uma ideia política correlacionada ao argumento de Leo Bersani de que o único sujeito disponibilizado para o desejo é o sujeito descentralizado.[82] Tudo que não pode ser reconhecido como identificação constitutiva de qualquer posição determinada do sujeito corre o risco de se tornar externalizado numa forma degradada, mas também de ser repetidamente repudiado e sujeito a uma política de renegação.

Em certos aspectos, a lógica do repúdio que delineei aqui é uma teoria hiperbólica, uma lógica *drag*, por assim dizer, que leva a questão ao exagero, mas por um bom motivo. Não há nenhuma razão necessária de que a identificação seja oposta ao desejo, ou de que o desejo seja abastecido pelo repúdio.

Isso vale tanto para a heterossexualidade quanto para a homossexualidade, bem como para formas de bissexualidade que se consideram uma combinação das duas. Na verdade, nos tornamos ainda mais frágeis com a pressão dessas regras, e ainda mais instáveis quando a ambivalência e a perda tendem a uma linguagem dramática pela qual executam sua atuação.

---

[82] BERSANI, Leo. *The Freudian Body: Psychoanalysis and Art.* Nova York: Columbia University Press, 1986, p. 64-66, 112-113.

Manter em movimento
Comentário sobre "Gênero melancólico/identificação recusada", de Judith Butler

Adam Phillips

> *O fim das frases e outras pausas só surgem quando ficamos sem tempo ou esperança.*
> Carolyn Creedon, *The Best American Poetry*

Se, como sugere Freud, o caráter é constituído pela identificação – o Eu que se compara ao que uma vez amou –, podemos dizer que o caráter se assemelha à caricatura, a imitação de uma imitação.[83] Assim como os artistas que Platão queria banir, estamos todos fazendo cópias de cópias, com a diferença de que, no nosso caso, não existe original, apenas uma infinita sucessão de semelhanças para com alguém que, para todos os efeitos, não existe. A noção freudiana de caráter é a paródia de uma obra de arte platônica; sua teoria da formação do caráter através da identificação faz troça da ideia de que o caráter possa, de alguma maneira, ser substantivo. O Eu está sempre se aprontando para o que está por vir. Na medida em que ser é ser como, não pode haver si-mesmos

---
[83] FREUD. O Eu e o Id, s.p.

verdadeiros ou identidades de gênero nucleares. Afinal, meu sentido de autenticidade só pode vir dos sentidos de autenticidade na minha cultura. Nesse contexto, meu Verdadeiro Si-Mesmo é definido de maneira mais precisa como meu Si-Mesmo (ou Si-Mesmos) Preferido(s). Eu sou o performer das minhas preferências conscientes e inconscientes.

O estádio do espelho lacaniano é uma prova do estrago causado pelas formas miméticas de desenvolvimento; Mikkel Borch-Jacobsen e Leo Bersani, em particular, expuseram a violência e a tautologia da teoria freudiana da identificação, a implicação mútua e a cumplicidade envolvidas no "ser como".[84] Como mostra o ensaio esclarecedor de Judith Butler, esse conceito crítico de identificação é o nexo para uma série de questões controversas na teoria contemporânea; ele nos incita a questionar com que finalidade usamos as outras pessoas e até que ponto elas são o outro. Na verdade, esse conceito crítico nos obriga a enfrentar a questão que atormentou Freud, questão dada como certa pela psicanálise baseada na teoria da relação de objetos e pela psicanálise relacional: em que sentido temos com os outros o que preferimos chamar de relações?

Quando Freud propôs que o objeto era meramente "soldado" ao instinto, que nosso compromisso primário era com o nosso desejo e não com seu alvo, ele fez pressupor que não estamos apegados uns aos outros da maneira como gostamos de pensar que estamos.[85] Em *A interpretação dos sonhos*, Freud vislumbrou o potencial que tem o Eu para a mobilidade promíscua; os sonhos, em particular, revelaram

---

[84] BORCH-JACOBSEN, Mikkel. *The Emotional Tie*. Stanford: Stanford University Press, 1993; BERSANI. *The Freudian Body*.

[85] FREUD. Three Essays on the History of Sexuality. In: *Standard Edition*, v. 7, p. 125-243. [Edição brasileira: Três ensaios sobre a sexualidade [1905]. In: *Um caso de histeria, Três ensaios sobre a sexualidade e outros trabalhos*. Tradução de Jayme Salomão. Rio de Janeiro: Imago, 1972. (*Edição Standard Brasileira das Obras Psicológicas Completas de Sigmund Freud*, v. VII).]

que a vida psíquica era surpreendentemente móvel e aventurosa, mesmo que a vida em si não o fosse. (Poucas pessoas são ativamente bissexuais, embora todas sejam psiquicamente bissexuais.) Freud teve tanto de explicar essa disparidade – de que não temos a mesma coragem, por assim dizer, dos nossos processos primários – quanto de encontrar uma maneira, em teoria, de fundamentar o Eu faustiano, definindo suas lealdades mesmo quando pareciam pouco confiáveis. Decerto que o Eu parecia incontrolável em suas lealdades, e foi então, com algum alívio, que Freud se voltou para o luto, que parecia revelar que o Eu se fundamenta é na relação com os outros, sejam eles amados ou odiados.[86] O luto é extremamente reconfortante, porque nos convence de uma coisa da qual poderíamos duvidar: o nosso apego aos outros. A dor prolongada do luto confirma algo que a psicanálise havia posto em questão: o quanto somos intransigentes na nossa devoção às pessoas que amamos e odiamos. Apesar do que mostram nossos sonhos, nossa capacidade de substituição finita é pobre. Nesse sentido, o luto tem sido um lastro para as possibilidades mais radicais da psicanálise. É a pedra, por assim dizer, na qual sucumbe Prometeu.

À primeira vista, talvez pareça mais apropriado dizer que, para Freud, o que constitui a exorbitância do Eu e ao mesmo tempo institui seus limites é o complexo de Édipo. Como mostrou Klein, no entanto, o que consolida o Eu é o luto implicado na chamada resolução do complexo de Édipo. Sem o luto pelos objetos primários, não há como sair do círculo mágico da família. Na verdade, em parte pelo trabalho de Klein, o luto serviu de alicerce para o desenvolvimento da maioria das vertentes psicanalíticas; tanto que, para dizer a verdade, o luto adquiriu o status de conceito quase religioso na psicanálise. Os analistas acreditam no luto; se um paciente alegasse, como fizera Emerson, que o luto era "superficial",

---

[86] FREUD. Luto e melancolia.

seria considerado como "fora de contato" com algo ou com o outro.[87] É como se a capacidade para o luto, com tudo que ela implica, constitua a comunidade humana. É impossível imaginar um mundo sem a privação pela perda tanto quanto um mundo sem o castigo.

Para mim, é um pouco nesse sentido que Judith Butler tenta usar o luto para dar algum peso, nos dois sentidos do termo, à sua estimulante noção de gênero como performativo. Que ela consiga tal feito sem que o argumento se reduza às beatarias que o discurso sobre o luto costuma carregar é algo que impressiona no ensaio de Butler. O luto nos torna a todos moralistas. Jamais haverá mais identidades de gênero do que podemos inventar e performar. Não deveríamos enaltecer essas pessoas, muitas delas psicanalistas, que, em nome da Verdade, da Saúde Psíquica ou da Maturidade, procuram limitar o repertório.

Já se tornou um lugar-comum – na teoria, quiçá na prática – que todas as variantes de identidade de gênero são conflitantes e, por isso, problemáticas. O que Butler propõe com a ideia de identificação melancólica, uma "cultura da melancolia de gênero em que a masculinidade e a feminilidade surgem como vestígios de um amor não pranteado e não pranteável", é uma nova versão de uma velha questão sobre a identidade de gênero. Por que os apegos homossexuais – inapropriadamente chamados de complexo de Édipo "negativo" – são retratados de maneira aversiva, mesmo quando não são experimentados originalmente? Por que esses amores claramente apaixonados são renegados, considerados não pranteáveis, repudiados castigados quando vistos nos outros? De acordo com o convincente argumento de Butler, no mínimo parece claro que essa hostilidade culturalmente

---

[87] "A única coisa que o luto me ensinou foi quão superficial ele é". Ver EMERSON, Ralph Waldo. Experience. In: *Complete Essays: First and Second Series*. Nova York: Heart's International Library, 1914, p. 269. (The Works of Ralph Waldo Emerson, v. 1). (N.T.)

difundida – de maneira tanto interpsíquica quanto intrapsíquica – em relação à homossexualidade se baseia na inveja. Se nos tempos pré-aids alguns heterossexuais sentiam uma inveja explícita da promiscuidade dos homossexuais – por que NÓS não podemos sair à caça de aventuras? –, talvez hoje seja mais provável que invejem simplesmente a intimidade à qual algumas pessoas têm a liberdade de se entregar e desenvolver com alguém do mesmo sexo. Mas se, como sugere Butler, a "masculinidade" e a "feminilidade" são formadas e consolidadas através de identificações compostas em parte do luto renegado, como seria viver em um mundo que reconhecesse e aprovasse esse luto, que nos permitisse, por assim dizer, completar o curso do nosso luto pela perda de identidades de gênero renegadas ou renunciadas? O que teria de acontecer na chamada comunidade psicanalítica para criar um *ethos* em que os pacientes fossem encorajados a prantear a perda de todas as suas identidades de gênero reprimidas?

Essas questões me parecem ser de grande interesse, contanto que não impliquem a idealização do luto – seu uso como uma prática redentora espúria, como uma espécie de pseudocura para a repressão ou as angústias da incerteza. Se, nas palavras de Butler, o homem heterossexual convicto "torna-se sujeito a uma dupla renegação de nunca haver amado e jamais haver perdido" o apego homossexual, será que analisar ou engendrar a anulação dessa renegação deveria se tornar parte integrante do projeto psicanalítico, uma vez que esse homem heterossexual afirma não ser relativamente afetado pelo apego? Para mim, a plausibilidade absoluta do argumento de Butler suscita algumas dúvidas clínicas significativas. Por exemplo, quem decide o que constitui um problema para o paciente? E segundo quais critérios? A heterossexualidade assumida é tanto um "problema" como qualquer outra posição assumida (afinal, todos os sintomas são estados de convicção). Decerto que o artigo de Butler nos lembra o custo, a privação, em todas as identidades de gênero, sem falar do terror que permeia essas medidas desesperadas. "Não há nenhuma razão necessária de que a identificação seja oposta ao desejo, ou de que o desejo seja abastecido pelo repúdio", escreve Butler. Mas há uma razão necessária, é claro, por parte de determinado tipo de lógica psicanalítica. Na opinião de Freud, nós nos tornamos o que não podemos ter, e desejamos (e punimos) o que somos obrigados a negar. Mas por que as escolhas – por que não podemos fazer as duas coisas e mais alguma outra – e por que são essas as escolhas? Essas são as questões que Butler suscita em seu *Problemas de gênero*. A natureza essencialmente performativa e construída da identidade de gênero faz com que todas as restrições do repertório pareçam factícias e desnecessariamente opressivas. Mas do mesmo modo como, em outros lugares, toda performance é subvencionada por uma inibição, não há identidade, por mais convincente que seja a performance, sem sofrimento. Se a ideia de performance liberta a identidade e a abre a para estados possíveis (às vezes desejados), o luto remete essas mesmas identidades de volta às suas histórias inconscientes, com suas repetições e seu desperdício – ou seja, aqueles parâmetros que parecem tolher nossas opções. O luto e a performance – e as performances que constituem nosso senso de luto – parecem proveitosamente interligados. Sem a ideia de performance, o luto se literaliza como Verdade – nosso ato mais profundo; sem a ideia de luto, a performance se torna uma exigência excessiva – finge que não há inconsciente, depois finge aquilo de que gostamos. "Penso sinceramente", escreveu Paul Valéry, "que se todos os homens não pudessem viver uma quantidade de outras vidas além da sua, eles não poderiam viver a sua."[88] A sinceridade irônica de Valéry – de qual de suas vidas ele está falando? – nos incita, como faz Butler, a

---

[88] Citado em DUNN, Stephen. *Walking light*. Nova York: Norton, 1993. [A citação brasileira é de VALÉRY, Paul. Poesia e pensamento abstrato. In: *Variedades*. Tradução de Maiza Martins Siqueira. São Paulo: Iluminuras, 1991.]

multiplicar nosso si-mesmo em diversas versões como uma espécie de necessidade psíquica; como se não pudéssemos suportar a perda de não fazê-lo. Mas quantas vidas o analista consegue reconhecer no paciente ou exigir dele, e quais são as restrições a esse reconhecimento que tão facilmente se tornam uma exigência? Não são apenas as identidades de gênero do paciente que estão em jogo na análise, é claro. Tanto analista quanto paciente trabalham para sustentar seus desejos, e o desejo – em termos tanto interpsíquicos quanto intrapsíquicos – depende da diferença. Sempre tem de haver outra coisa, algo suficientemente (ou aparentemente) outro. O espectro da *afânise* em Ernest Jones, conceito reprimido da morte do desejo, assombra o processo. Mas embora o desejo dependa da diferença, nós só gostamos das diferenças de que gostamos; o conjunto de diferenças desejáveis ou toleráveis, a diferença que sustenta o desejo, não é infinito para ninguém. A psicanálise consiste em descobrir onde esboçamos essas linhas constitutivas. Todo clínico tem plena ciência de como a possibilidade tem restrições – inconscientes – que são chamadas de sintomas (de uma perspectiva diferente, são chamadas de complexo de Édipo). Obviamente, no entanto, o que é possível na análise ou em qualquer outro lugar é ditado por nossos paradigmas teóricos, pelas linguagens que escolhemos usar para falar de nossa prática. Apesar de toda jactância que a envolve – como "Psicanálise, profissão impossível" e coisas do tipo –, a dificuldade da psicanálise é proporcional a quanto a dificultamos.

Do ponto de vista clínico, o voluntarismo político inicial de Butler em *Problemas de gênero* deixaria os analistas cautelosos. Mas não há uma razão óbvia para que os analistas, em sua prática, sejam menos imaginativos do que Butler lhes pede em "Gênero melancólico". O analista que acredita no inconsciente dificilmente se considerará representante da vida autêntica, mesmo que a linguagem que ele use para falar de seu trabalho esteja repleta do jargão da autenticidade (integridade, honestidade, verdade, si-mesmo, instinto). Em termos clínicos, a linguagem da performance pode ser facilmente descartada como evasiva, no sentido de ser cega para a teatralidade da situação analítica. O uso que Butler faz da identificação leva a ideia do performativo de volta para o quadro analítico; o que é mais surpreendente é Butler conseguir usar o luto como uma forma de matizar a teatralidade que integra nossa criação de identidades, nossa construção de nós mesmos através da perda. É uma sorte haver escritores interessados na psicanálise, porque, ao contrário dos analistas, eles têm a liberdade para pensar em ideias sem se restringir pelo efeito hipnótico da prática clínica. Bons performers, como músicos, esportistas ou analistas, geralmente não são bons em falar sobre o que fazem, em parte porque são eles que fazem.

    E fazê-lo, é claro, como a vivência de qualquer vida, envolve reconhecer, de uma forma ou de outra, que existem apenas dois sexos. Esse fato por si só, no entanto, não diz nada sobre o possível repertório de identidades de gênero. A lógica do argumento de Butler, o tipo de incoerência instrutiva que ela encontra em Freud, traz de volta à prática analítica o sentido de possibilidade. Além disso, a mesma lucidez do ensaio de Butler também provoca outro tipo de reflexão. Às vezes parece vergonhoso que existam apenas dois sexos, sobretudo porque usamos essa diferença como paradigma para muitas coisas (as diferenças entre os sexos, é claro, são mais empolgantes ou mais articuláveis do que as diferenças entre um corpo vivo e um corpo morto). Há uma espécie de melancolia intelectual na perda de um terceiro sexo que nunca existiu e que, por isso, jamais poderá ser pranteado; esse terceiro sexo irracional que quebraria o feitiço (ou a lógica) dos dois, e essa é uma das fantasias formativas e reprimidas da criança sobre si mesma. (Há uma ligação entre essa solução mágica para a cena primordial e as fantasias de síntese e redenção.) O que Freud chamou de processo primário é, afinal, o apagamento da exclusão mútua, uma lógica que desafia a lógica. Ao que parece, essa forma de generosidade (e radicalismo) nem sempre está disponível para os si-mesmos do processo secundário.

Começar com dois sexos, como devemos – definidos como opostos ou alternativas ou complementos –, é algo que nos encerra dentro de uma lógica, um sistema binário que muitas vezes parece distante da experiência vivida e falada, além de ser algo estritamente ligado a outros pares binários – dentro/fora, processo primário/processo secundário, sadismo/masoquismo, etc. – que constituem uma parte muito equivocada da linguagem psicanalítica. Deveríamos falar de paradoxos e espectros, não de contradições e exclusão mútua. Toda criança, com razão, quer saber se existe uma posição além da exclusão, da diferença ou da separação – um mundo em que excluir e ser excluído desaparece, ideia elevada a um nível diferente no socialismo utópico, que visa a uma sociedade sem margens e, por isso, sem humilhação.

Ao pensar sobre o gênero, ou qualquer uma das ditas identidades, parece extremamente difícil encontrar uma imagem ou uma história que não precise mais da ideia de exclusão. As descrições teóricas de Butler refletem isso. Parece haver algo de encantador, certamente em teoria psicanalítica, na ideia – e na experiência – da evacuação e dos tipos de definição que a ideia de "dentro" e "fora" pode nos dar (na história psicanalítica relativamente recente, Michael Balint perguntava se o peixe estava na água ou se a água estava no peixe). Obviamente, o vocabulário da diferença – os meios de estabelecer as fronteiras e os limites intrapsíquicos e interpsíquicos promovidos pela psicanálise – é, por definição, muito mais extenso do que a linguagem da mesmidade (o mesmo, é claro, não é apenas o idêntico). Podemos falar sobre a diferença – em certo sentido, é nisso que a fala consiste –, mas a mesmidade nos torna mudos, embotados ou repetitivos. E falar sobre a homossexualidade exclusivamente em termos de mesmidade é agravar ainda mais a confusão. A mesmidade, como a diferença, é uma fantasia (motivada), não um fato natural. A linguagem das fronteiras à qual a psicanálise tanto se dedica, e que possibilita a ideia de identificação e luto, promove um conjunto específico de pressupostos sobre o que uma pessoa é e pode ser. É um retrato da pessoa formado pela linguagem da pureza e da propriedade, o que Mary Douglas chamou mais precisamente de pureza e perigo.[89] Ao esboçar nossos relatos sobre gênero, talvez seja mais produtivo falarmos em gradações e indistinções do que em contornos e perfis. A linguagem da performance em Butler mantém a definição em movimento, que é seu estado atual, de todo modo. O luto retarda as coisas.

---

[89] DOUGLAS, Mary. *Purity and Danger*. Londres: Routledge, 1966. [Edição brasileira: *Pureza e perigo*. Tradução de Mônica Siqueira Leite de Barros e Zilda Pinto. 2 ed. São Paulo: Perspectiva, 2010.]

Resposta ao comentário de Adam Phillips sobre "Gênero melancólico/identificação recusada"

O propício comentário de Adam Phillips confirma que pode haver um diálogo, talvez até psicanalítico, entre uma perspectiva clínica e uma perspectiva especulativa sobre questões de gênero, melancolia e performatividade. Decerto que as posições nesse caso não são tão "estanques" quanto costumam ser, pois, além de clínico, Phillips também é um pensador especulativo, e por isso fomenta a escrita bidimensional inaugurada por Freud. Na verdade, nossa conversa acaba rompendo e reconfigurando o que poderia parecer uma oposição estrita – o clínico, de um lado, e a teórica cultural de gênero, do outro –, e é tanto o conteúdo do que Phillips afirma quanto seu fluxo de pensamento que me motivam a reconsiderar o enquadramento e o pensamento opositivos que, por sorte, parecem não se sustentar nesse contexto. Em minha resposta, tentarei descobrir primeiro se é correto entendermos a melancolia como oposta às ideias de performatividade de gênero ou como algo que as suaviza, e depois se a diferença sexual é uma oposição tão estável quanto parece.

Phillips sugere que a consideração da incorporação melancólica suaviza o voluntarismo da posição associada à performatividade de gênero que surgiu com a recepção de *Problemas de gênero*. Por um lado, parece haver um nódulo de luto repudiado e que não se dissolveu; por outro, um sujeito consciente-de-si que, numa linha sartriana, cria novamente a si mesmo repetidas vezes. Mas e se os termos dessa oposição não forem tão estáveis como parecem? Consideremos que o fato de a melancolia ser irresoluta está ligado ao obstáculo colocado na agressão contra o outro perdido. Consideremos também que a idealização do outro que acompanha a autocensura na melancolia é precisamente o movimento contrário da agressão voltada para o outro e que agora se direciona contra o Eu – uma agressividade proibida de se expressar diretamente. A proibição funciona a serviço de uma idealização, mas também a serviço de uma idealização do luto como prática pura ou sagrada. O melancólico, cuja expressão agressiva é barrada, começa a imitar e a incorporar o perdido, recusando a perda através dessa estratégia incorporadora, "continuando a disputa" com o outro, mas agora na forma de uma autocensura intrapsíquica. Mas esse processo não é apenas intrapsíquico, pois a expressão sintomática é precisamente o retorno do que está excluído no processo de idealização. Qual é o lugar da "atuação" em relação à expressão sintomática, especialmente quando a censura escapa do circuito intrapsíquico para surgir em formas deslocadas e externalizadas? Esse tipo de "atuação", que muitas vezes assume a forma de uma pantomima, não seria o próprio lugar para uma agressão que se recusa a permanecer trancada no circuito da autocensura, uma agressão que rompe esse circuito simplesmente para se lançar, através do deslocamento, sobre os objetos que significam a ressonância, os resíduos, do outro perdido? Nesse sentido, o que é performado como consequência da melancolia não é um ato voluntário, mas uma atuação motivada – em parte – por uma agressão não reconhecida.

Como essa descrição funciona no contexto da melancolia de gênero? Se adquiro meu gênero repudiando meu amor por alguém do mesmo gênero, esse repúdio continua vivendo na atuação do meu gênero e deve ser interpretado como rivalidade, agressão, idealização e melancolia. Se sou mulher na medida em que nunca amei uma mulher, tanto a agressão quanto a vergonha estão presas nesse "nunca", nesse "de jeito nenhum", o que sugere que qualquer gênero que eu seja é ameaçado fundamentalmente pelo retorno do amor representado como impensável por esse "nunca" defensivo. Assim, existe algo claramente não escolhido nos meus atos – aliás, nas minhas "escolhas" – que permeia toda a "performance". Aqui, a noção de performatividade de gênero precisa ser repensada em termos psicanalíticos mediante a ideia de "atuação", tal como surge na articulação da melancolia e na resposta pantomímica à perda, pela qual o outro perdido é incorporado nas identificações formativas do Eu.

Phillips tem razão em advertir a psicanálise contra uma idealização do luto, a sacralização do luto como ritual psicanalítico consumado. É como se a psicanálise como prática corresse o risco de se afligir com o mesmo sofrimento que busca conhecer. A resolução do luto se torna impensável numa situação em que nossas várias perdas se tornam a condição para a psicanálise como prática do luto interminável. Mas o que rompe essa influência do luto exceto o cultivo da agressão refreada pelo luto contra os meios que a refreiam? Parte do que sustenta e prolonga o período de luto é precisamente a proibição de expressar a agressão contra o que é perdido – em parte *porque* o outro perdido nos abandonou, e, na sacralização do objeto, excluímos a possibilidade de nos enfurecer contra esse abandono. Quais são as consequências afirmativas da atuação mimética quando opera, dentro do quadro psicanalítico, para teatralizar essa agressão sem consequências éticas e para articular, como critério de autorreflexão e através de uma série de "atos", a lógica do repúdio que motiva esses atos? Será que essa teatralidade funciona como noção psicanalítica e não só como o que deve ser corrigido ou suavizado pela psicanálise? Não seria essa uma *maneira* de contradizer a idealização do luto (que, em si mesma, é um sintoma de luto) que compromete a psicanálise ao trabalho moderado do luto permanente? Em que medida esse efeito da "permanência" é resultado da própria força de repúdio, a agressão a serviço de um vínculo de autocensura típico da melancolia?

Phillips faz mais uma série de perguntas que também parecem operar dentro de um quadro de oposição que pode ser menos opositivo do que aparece à primeira vista. Ele reformula minha questão apropriadamente quando questiona se há uma razão necessária para que a identificação seja oposta ao desejo, ou para que o desejo seja abastecido pelo repúdio. Ele afirma que há boas razões no referencial psicanalítico, e que cada posição assumida e cada desejo determinado envolvem um conflito psíquico. Isso se deve ao fato de que no processo de formação do Eu ou do caráter, bem como na orientação do desejo para determinada direção, sempre há perdas, recusas e sacrifícios a serem feitos. Parece correto. Mas talvez exista uma maneira de desenvolver uma tipologia da "recusa" e da "exclusão" que nos ajude a distinguir duas coisas: o que é rigorosamente repudiado e forcluído, e o que é rechaçado de maneira menos rígida ou permanente. Certamente há uma maneira de explicar a homossexualidade, por exemplo, que pressupõe que seu enraizamento em um repúdio inconsciente da heterossexualidade e que, ao partir desse pressuposto, determina a heterossexualidade repudiada como a "verdade" inconsciente da homossexualidade vivida. Mas esse pressuposto sobre o repúdio é necessário para explicar a trajetória da homossexualidade vivida? É possível haver duas descrições igualmente convincentes das motivações inconscientes que explicam a homossexualidade que não assumam o status repudiado da heterossexualidade em sua formação? E o que dizer dos homossexuais que não se opõem rigorosamente à heterossexualidade, nem intrapsíquica nem interpsiquicamente, mas que, não obstante, estão relativamente determinados na direcionalidade de seus desejos? Talvez a economia do desejo sempre opere através de algum tipo de recusa e perda, mas, como consequência, ela não seria uma economia estruturada por uma lógica da não contradição. Não seria esse o tipo de mobilidade psíquica pós-contraditória que a psicanálise deseja, o que Freud buscava circunscrever através da referência à bissexualidade da psique? Essa mobilidade não é um sinal de que, no final das contas, a sobrevivência psíquica não necessita de uma lógica rigorosamente instituída do repúdio?

Parece-me que devemos aceitar, como Phillips claramente nos aconselha a fazer, que não existe uma "posição além da exclusão, da diferença ou da separação", tampouco "um mundo em que excluir e ser excluído desaparece". Mas essa aceitação nos compromete com a posição de que "sexo" é uma categoria estável ou que os objetos de amor homossexual devem desaparecer através da força do repúdio e da proibição? Até que ponto devemos associar essa separação e essa perda mais gerais e inevitáveis ao repúdio do amor homossexual que nos torna a todos melancólicos de gênero? O caráter dado das diferenças sexuais é claramente inegável, e concordo que não existe um "terceiro sexo" que deveríamos buscar ou perseguir. Mas por que a diferença sexual é o principal *garantidor* da perda na nossa vida psíquica? Além disso, é possível atribuir a origem de toda separação e de toda perda à estruturadora perda do outro sexo pela qual surgimos no mundo como seres sexuados?

Talvez essa suposição seja dificultada se levarmos a sério a noção de que o sexo é dado e consumado ao mesmo tempo – dado como aquilo que está (sempre) por ser consumado –, e que é consumado em parte através de uma heterossexualização de objetivos libidinais. Parece ter sido esse o argumento de Freud nos capítulos iniciais de *Três ensaios sobre a teoria sexual*. Até que ponto o quadro heterossexual para o desejo e a perda projeta o problema da separação e da perda acima de tudo como um problema de diferença sexual?

Consideremos a seguinte problemática, que não está colocada exatamente nos termos de Phillips, mas que aborda o referencial defendido por ele. Se alguém deseja uma mulher, segue-se que a deseja a partir de uma disposição masculina, ou essa disposição é atribuída retroativamente à posição desejante como um modo de conservar a heterossexualidade como a forma de entender a separação ou a alteridade que condiciona o desejo? Pois, se essa afirmação fosse verdadeira, toda mulher que deseja outra mulher a desejaria a partir de uma disposição masculina e seria, desse modo, "heterossexual"; curiosamente, no entanto, se a outra mulher a deseja de volta, a economia se torna a da homossexualidade masculina(!). Esse quadro teórico não entende mal os modos de alteridade que persistem dentro da homossexualidade, reduzindo o homossexual a uma busca da mesmidade – o que, na realidade, quase nunca é o caso (ou que quase sempre é o caso na busca heterossexual)?

Essa explicação através do recurso à disposição masculina não seria um exemplo da construção teórica da "masculinidade" ou do "sexo" masculino que encobre – ou forclui – a possibilidade de outra terminologia que reconheça um rico mundo psíquico de apego e perda que, em última instância, não se reduz a uma noção já dada de diferença sexual? Aliás, até que ponto nossas noções de masculino e feminino são formadas através dos apegos perdidos que supostamente elas provocam? Podemos finalmente dizer se a diferença sexual é a consumação de uma heterossexualidade melancólica, sacralizada como teoria, ou se é a condição dada da perda e do apego em qualquer conjunto de relações humanas? Parece claro se tratar das duas coisas em alguns casos, não fosse o fato de que perderíamos uma terminologia vital para compreender a perda e seus efeitos formativos se assumíssemos desde o início que sempre perdemos unicamente o outro sexo, pois é frequente nos encontrarmos no vínculo melancólico de ter perdido nosso próprio sexo para, paradoxalmente, nos tornarmos ele.

Começos psíquicos
Melancolia, ambivalência, fúria

> *Conflitos entre Eu e ideal refletirão em última instância [...] a oposição entre real e psíquico, mundo exterior e mundo interior.*
>
> Freud, *O Eu e o Isso*

Em "Luto e melancolia", inicialmente a melancolia parece ser uma forma aberrante de luto, na qual negamos a perda de um objeto (seja o outro, seja um ideal) e recusamos a tarefa do luto, entendido como a ruptura do apego ao que se perdeu. Esse objeto perdido é magicamente preservado como parte da nossa vida psíquica. O mundo social parece eclipsado na melancolia, e a consequência disso é o surgimento de um mundo interno estruturado na ambivalência. Desse modo, não fica claro de imediato como devemos entender a melancolia em relação à vida social,[90] em particular em relação à regulação social da

---

[90] Ver SANTNER, Eric. *Stranded Objects: Mourning, Memory, and Film in Postwar Germany*. Ithaca: Cornell University Press, 1990; e MITSCHERLICH, Alexander; MITSCHERLICH, Margarete. *The Inability to Mourn: Principles of Collective Behavior*. Tradução para o inglês de Beverley R. Placzek. Nova York: Grove Press, 1975. Para um relato feminista que situa a melancolia dentro da produção da diferença sexual, ver SCHIESARI, Juliana. *The Gendering of Melancholia:*

vida psíquica. Contudo, a descrição da melancolia explica como os campos psíquico e social são produzidos em relação um ao outro. Assim, a melancolia oferece uma possível elucidação de como os limites do social são instituídos e mantidos, não só à custa da vida psíquica, mas também ao vincular a vida psíquica a formas de ambivalência melancólica.

A melancolia, portanto, remete-nos à figura da "volta" como tropo fundador no discurso da psique. Em Hegel, voltar-se sobre si mesmo acaba por significar os modos ascéticos e céticos de reflexividade que marcam a consciência infeliz; em Nietzsche, voltar-se sobre si mesmo sugere uma retração do que se disse ou fez, ou um recuo motivado pela vergonha diante do que se fez. Em Althusser, a virada que o transeunte dá na direção da voz da lei é ao mesmo tempo reflexiva (o momento de se tornar um sujeito cuja consciência-de-si é mediada pela lei) e autossubjugadora.

De acordo com a narrativa da melancolia fornecida por Freud, o Eu "se volta sobre si mesmo" quando o amor não consegue encontrar seu objeto e então toma a si mesmo como objeto não só de amor, mas também de agressão e ódio. Mas o que é esse "si-mesmo" que toma a si mesmo como seu próprio objeto? Aquele que "toma" a si mesmo e aquele que é "tomado" são o mesmo? Essa sedução da reflexividade parece fracassar em termos lógicos, uma vez que não fica claro se o Eu pode existir antes de sua melancolia. A "volta" que marca a resposta melancólica à perda parece iniciar o redobramento do Eu como objeto; é somente voltando sobre si mesmo que o Eu adquire o status de um objeto perceptivo. Além disso, o apego ao objeto, que na melancolia é entendido como algo que retorna ao Eu, sofre uma transformação fundamental ao longo desse redirecionamento. No seu redirecionamento do objeto para o Eu, o apego transita do amor para o ódio, mas também o Eu é produzido como *objeto psíquico*; na verdade, a

---

Feminism, Psychoanalysis, and the Symbolics of Loss in Renaissance Literature. Ithaca: Cornell University Press, 1992.

própria articulação desse espaço psíquico, às vezes retratado como "interno", depende dessa volta melancólica. A volta que vai do objeto ao Eu produz o eu, que substitui o objeto perdido. Essa produção é uma geração tropológica e resulta da compulsão psíquica de substituir objetos perdidos. Na melancolia, por conseguinte, não só o Eu substitui o objeto, mas também o ato da substituição *institui* o Eu como resposta necessária à perda ou "defesa" contra ela. Na medida em que o Eu é o "precipitado dos investimentos objetais abandonados", ele constitui a solidificação de uma história de perda, a sedimentação de relações de substituição ao longo do tempo, a dissolução de uma função tropológica no efeito ontológico do si-mesmo.

Além disso, essa substituição do objeto pelo Eu não funciona totalmente. O Eu é um substituto pobre para o objeto perdido, e sua incapacidade de substituir de uma maneira satisfatória (ou seja, de superar sua condição *de* substituição) leva à ambivalência que caracteriza a melancolia. A volta que vai do objeto ao Eu nunca se consuma por completo; ela implica representar o Eu no modelo do objeto (como sugerido nos primeiros parágrafos de "Introdução ao narcisismo"), e também implica a crença inconsciente de que o Eu pode compensar a perda sofrida. Na medida em que o Eu não proporciona essa compensação, ele expõe as falhas de sua frágil fundação.

Devemos aceitar que o Eu passe do objeto para o Eu, ou que o Eu direcione sua paixão, como giraríamos um volante, do objeto *para si mesmo*? É esse mesmo Eu que retorna seu investimento desde o objeto para si mesmo, ou é o Eu fundamentalmente alterado em virtude de se tornar o objeto desse retorno? Qual é a condição do "investimento" e do "apego"? Eles aludem a um desejo à deriva que permanece o mesmo independentemente do tipo de objeto ao qual é dirigido? Será que essa virada não só produz o Eu que aparentemente a desencadeia, mas também estrutura o apego que redireciona? Essa virada ou redirecionamento é mesmo possível? A perda que a volta busca compensar não é superada, e o objeto não é restituído; em vez disso, a perda se torna a condição opaca para o surgimento do Eu, uma perda que o assombra desde o início como constitutiva e reconhecível. Freud observa que, no luto, o objeto é "declarado" perdido ou morto, mas segue-se que, na melancolia, nenhuma declaração é possível.[91] A melancolia é precisamente o efeito de perda não reconhecível. Como perda anterior à fala e à declaração, ela é a condição limitante de sua possibilidade: um recuo ou retração da fala que torna a fala possível. Nesse sentido, a melancolia torna o luto possível, ideia que Freud acaba por aceitar em *O Eu e o Isso*.

A incapacidade de declarar tal perda significa a "retração" ou "absorção" da perda pelo Eu. Obviamente, o Eu não recolhe o objeto dentro de si de maneira literal, como se fosse um tipo de abrigo anterior à sua melancolia. Os discursos psicológicos que pressupõem a estabilidade topográfica de um "mundo interno" e suas várias "partes" não compreendem a ideia crucial de que a melancolia é precisamente o que interioriza a psique, isto é, torna possível se referir à psique através desses tropos topográficos. A volta que vai do objeto para o Eu é o movimento que torna possível a distinção entre eles, que marca a divisão, a separação ou a perda que, antes de tudo, forma o Eu. Nesse sentido, esse movimento do objeto ao Eu não substitui com sucesso o primeiro pelo segundo, mas consegue marcar e perpetuar a divisão entre os dois. Essa volta, portanto, cria a divisão entre o Eu e o objeto, o mundo interno e mundo externo que parece pressupor.

Se um Eu pré-constituído pudesse fazer essa volta que vai do objeto até o Eu, evidencia-se que teria de passar de uma realidade externa pré-constituída para uma interna. Mas isso não explicaria a divisão entre interno e externo da qual ele

---

[91] FREUD, Sigmund. Mourning and Melancholia. In: *The Standard Edition of the Complete Psychological Works of Sigmund Freud*. Edição e tradução para o inglês de James Strachey. Londres: Hogarth, 1953-1974, v. 14, p. 256. [Edição brasileira: Luto e melancolia. In: *Neurose, psicose, perversão*. Tradução de Maria Rita Salzano Moraes. Belo Horizonte: Autêntica, 2016, p. 117. (Obras Incompletas, v. 5).]

depende. Na verdade, não está claro que seja possível entender essa divisão fora de seu contexto na melancolia. Espero mostrar neste texto como a melancolia envolve a produção de um mundo interno, bem como um conjunto topográfico de ficções que estrutura a psique. Se a volta melancólica é o mecanismo pelo qual se institui a distinção entre o mundo interno e o externo, a melancolia inicia um limite variável entre o psíquico e o social – um limite, espero mostrar, que distribui e regula a esfera psíquica em relação às normas de regulação social prevalecentes.

O fato de entendermos que o amor, desejo ou apego libidinal toma *a si mesmo* como objeto, e o faz através da figura da volta, sugere mais uma vez os começos tropológicos da formação do sujeito. O ensaio de Freud presume que o amor do objeto vem antes, e que a melancolia só surge depois da perda do objeto. Quando o analisamos mais atentamente, no entanto, fica claro que não existe Eu sem melancolia, que a perda do Eu é constitutiva. A gramática narrativa que poderia explicar essa relação é necessariamente confusa desde o início.

A melancolia não se refere a um processo psíquico que pode ser relatado através de um esquema explicativo adequado. Ela tende a confundir quaisquer explicações do processo psíquico que possamos oferecer. E ela as confunde porque deixa claro que os tropos de internalidade que nos permitem nos referir à psique são efeitos de uma condição melancólica. A melancolia produz um conjunto de tropos espacializantes para a vida psíquica, domicílios de preservação e abrigo, bem como arenas de luta e perseguição. Tais tropos não "explicam" a melancolia: eles constituem alguns dos seus efeitos discursivos fabulosos.[92] De uma maneira que lembra o relato

---

[92] Aqui, as observações incisivas de Melanie Klein sobre a relação da melancolia com a paranoia e os estados maníaco-depressivos não vão muito longe. A teoria dela tende a se basear em tropos de internalidade sem questionar por que esses tropos são efeitos da melancolia que buscam explicar. Ver "A Contribution to the Psychogenesis of Manic-Depressive States" (1935) e "Mourning and Its Relation to Manic-Depressive States" (1935), em *The Selected Melanie Klein*. Organização

de Nietzsche sobre a fabricação da consciência, Freud oferece uma visão da consciência como uma instância e "instituição" produzida e mantida pela melancolia.

Embora Freud procure distinguir o luto e a melancolia em seu ensaio, ele oferece um retrato da melancolia que se mistura continuamente com o que ele entende por luto. Por exemplo, ele começa sua descrição observando que o luto pode ser uma "a reação à perda de uma pessoa querida ou de uma abstração que esteja no lugar dela, como a pátria, a liberdade, um ideal, etc." (p. 100). À primeira vista, o luto parece ter duas formas: uma em que há a perda de alguém, de alguém real, e outra em que o que se perde no alguém real é ideal, é a perda de um ideal. No decorrer do ensaio, parece que a perda do ideal, a perda "de natureza mais ideal", está ligada à melancolia. Já no luto, entretanto, a perda pode ser de uma abstração ou de um ideal, uma abstração que tomou o lugar da pessoa perdida. Alguns parágrafos depois, ele diz que "é evidente que ela [a melancolia] também pode ser a reação à perda de um objeto amado", e que "em outras ocasiões [no luto] é possível reconhecer que a perda é de natureza mais ideal" (p. 102). Se vivemos o luto pela perda de um ideal, e esse ideal pode substituir uma pessoa perdida, ou cujo amor acreditamos que perdemos, não faz sentido afirmar que a melancolia se distingue como perda "de natureza mais ideal". Mesmo assim, uma nova distinção entre os dois aparece quando Freud afirma, com referência ao luto, que o ideal pode ter substituído a pessoa, e, com referência à melancolia, que o melancólico "sabe *quem*, mas não sabe *o que* perdeu nele". Na melancolia, o ideal que a

---

de Juliet Mitchell. Londres: Penguin, 1986. [Edição brasileira: "Uma contribuição à psicogênese dos estados maníaco-depressivos" e "O luto e suas relações com os estados maníaco-depressivos". In: *Amor, culpa e reparação*. Tradução de André Cardoso. Rio de Janeiro: Imago, 1996, p. 301-329 e 385-412.] Para um excelente ensaio sobre Klein e o status primário da agressão, ver "Negativity in the Work of Melanie Klein", de Jacqueline Rose, em *Why War?: Psychoanalysis, Politics, and the Return to Melanie Klein*. Oxford: Basil Blackwell, 1993, p. 137-190.

pessoa representa parece ser incognoscível; no luto, a pessoa, ou o ideal que a substitui e que presumivelmente faz com que a pessoa seja perdida, é incognoscível.

Freud diz que a melancolia está relacionada a "uma perda de objeto que foi subtraída da consciência", mas na medida em que o luto está relacionado a abstrações e ideais substitutivos, como "pátria e liberdade", ele também é claramente constituído pela perda do objeto, uma dupla perda que envolve tanto o ideal substitutivo quanto a pessoa. Enquanto na melancolia o ideal é obscuro e o sujeito não sabe o que perdeu "nele", no luto o sujeito corre o risco de não saber quem ele perdeu "na" perda do ideal.

Mais adiante no mesmo ensaio, Freud especifica os sistemas psíquicos em que se dá a melancolia e o que significa a melancolia estar relacionada a "uma perda de objeto que foi subtraída da consciência". Ele escreve que "a representação (de coisa) [*Ding*-] inconsciente do objeto é abandonada pela libido" (p. 115).[93] A "representação (de coisa)" do objeto não é o objeto em si, mas um vestígio investido, um vestígio que, em relação ao objeto, já é um substituto e um derivado. No luto, os vestígios do objeto, suas inúmeras "conexões", são superados pouco a pouco com o tempo. Na melancolia, a presença da ambivalência em relação ao objeto torna impossível qualquer desconexão progressiva desse apego libidinal. Em vez disso, "trama-se um sem-número de batalhas isoladas pelo objeto, nas quais ódio e amor se enfrentam: um, para desligar a libido do objeto, o outro, para defender essa posição da libido contra o

---

[93] Aqui Freud substitui o termo *Sachvorstellung*, usado no ensaio "O inconsciente", por *Dingvorstellung*. Na *Standard Edition*, James Strachey destaca que *Dingvorstellung* aparece em *A interpretação dos sonhos* na discussão sobre os chistes. A distinção é aquela entre representação da palavra e representação da coisa. Esta "consiste no investimento, se não das imagens mnemônicas diretas das coisas, ao menos de traços mnemônicos mais distantes e delas derivados" (FREUD, Sigmund. O inconsciente. In: *Introdução ao narcisismo, Ensaios de metapsicologia e outros textos (1914-1916)*. Tradução de Paulo César de Souza. São Paulo: Companhia das Letras, 2010. (Obras Completas, v. 12). E-book, sem paginação.)

ataque". Esse estranho campo de batalha é encontrado, afirma Freud, "no reino dos vestígios mnêmicos de *coisas*" (p. 116). A ambivalência pode ser uma característica marcante de qualquer apego amoroso do Eu, ou pode surgir "justamente das experiências que carregam em si a ameaça da perda de objeto" (p. 116). Essa última observação sugere, no entanto, que *a ambivalência pode perfeitamente resultar da perda*, que a perda do objeto provoca uma ambivalência em relação a ele como parte do processo de deixá-lo ir.[94] Nesse caso, a melancolia, definida como reação ambivalente à perda, coexistiria com esta, de modo que o luto seria inerente à melancolia. A afirmação de Freud de que a melancolia surge de "uma perda de objeto que foi subtraída da consciência" é, portanto, especificada em relação à ambivalência: "Então, dessas batalhas de ambivalência, tudo permanece subtraído à consciência, enquanto não sobrevém o desenlace característico da melancolia". A ambivalência permanece *entzogen* – subtraída – apenas para assumir uma forma específica na melancolia, isto é, dentro da relação de ambivalência, diferentes aspectos da psique ocupam posições opostas. Freud oferece essa articulação psíquica da ambivalência como "um conflito entre uma parte do Eu e a instância crítica", o que explica a formação do Supereu em sua relação crítica com o Eu. A ambivalência, portanto, precede a topografia psíquica do Supereu/Eu; sua articulação melancólica é oferecida como condição de possibilidade dessa mesma topografia. Desse modo, não faria nenhum sentido recorrer a essa topografia para *explicar* a melancolia, se a ambivalência que supostamente caracteriza a melancolia acaba por se articular

---

[94] Freud reconhece isso muito antes no ensaio, quando observa que "a perda do objeto de amor é uma excelente ocasião para realçar e trazer à luz a ambivalência das ligações amorosas" (p. 109). Mais para o final do ensaio, Freud destaca "uma analogia essencial entre o trabalho da melancolia e aquele do luto": o luto incita o Eu a se desprender do objeto perdido para continuar vivendo, enquanto a melancolia, por meio das "batalhas de ambivalência, afrouxa a fixação da libido no objeto, desvalorizando-o" (p. 117).

como Eu e Supereu depois de passar um período subtraída da consciência. A topografia interna pela qual a melancolia é parcialmente explicada é o efeito dessa melancolia. Walter Benjamin observa que a melancolia se espacializa, e que seu esforço para reverter ou suspender o tempo produz "paisagens" como sua marca identificativa.[95] Pode ser útil interpretarmos a topografia freudiana ocasionada pela melancolia precisamente como essa paisagem espacializada da mente.

A ambivalência que é subtraída da consciência continua subtraída "enquanto não sobrevém o desenlace característico da melancolia" (p. 117; "*bis nicht der für die Melancholie charakteristische Ausgang eingetreten ist*" [p. 211]). Em que consiste esse "desenlace" ou "ponto de partida" da melancolia? Freud escreve: "isso, como sabemos, consiste no abandono do objeto pela catexia libidinal ameaçada, apenas, porém, para recuar ao local do Eu de onde tinha provindo".[96] Uma tradução mais precisa esclareceria que a melancolia implica a tentativa de substituir esse investimento pelo Eu, o que implica o retorno do investimento a seu ponto de origem: o investimento ameaçado finalmente abandona o objeto, mas apenas *para se recolher de volta ao lugar do Eu* ["*aber nur, um sich auf die Stelle des Ichs* [...] *zurückzuziehen*"], um lugar do qual o apego ameaçado havia partido ["*von der sie ausgegangen war*"].

Na melancolia, entende-se que o investimento se envolve reflexivamente consigo mesmo ["*um sich auf die Stelle des Ichs* [...] *zurückzuziehen*"] e, especificamente, recua e se recolhe ao seu lugar de partida ou saída. Esse "lugar" do Eu não é exatamente o próprio Eu, mas parece representar um ponto de partida, um *Ausgangspunkt*, para a libido, bem como o lugar melancólico de seu retorno. Nesse retorno da

---

[95] Ver BENJAMIN, Walter. *Origem do drama trágico alemão*. Tradução de João Barreto. 2. ed. Belo Horizonte: Autêntica, 2016, p. 90-99.

[96] Judith Butler utiliza a tradução inglesa da Edição Standard das obras de Freud, hoje superada. Como ela mesma revisa a tradução em seguida, traduzimos este trecho de modo mais colado à citação em inglês. A nova tradução que ela propõe está alinhada com a edição usada aqui como referência. (N.T.)

libido ao seu lugar de partida, um lugar do Eu, acontece a circunscrição melancólica da libido.

Esse retorno é descrito como uma subtração, um recuo ou retraimento [*zurückziehung*], mas também, na próxima frase, como uma fuga: "*Die Liebe hat sich so durch ihre Flucht ins Ich der Aufhebung entzogen*" (p. 210).[97] Embora essa frase seja traduzida de maneira infame por "dessa forma, fugindo para o Eu [*taking flight into the ego*], o amor escapa à extinção", o sentido de escapar à extinção não é de todo correto. A palavra *entzogen*, por exemplo, havia sido traduzida anteriormente como "retirado" [*withdrawn*], e *Aufhebung* traz consigo uma série notoriamente ambígua de significados desde seu uso no discurso hegeliano: cancelamento, mas não exatamente extinção; suspensão, preservação e superação. Através de sua fuga para o Eu, ou no Eu, o amor subtraiu ou levou embora sua própria superação, subtraiu uma transformação, tornou-a psíquica. A questão aqui não é do amor que "escapa à extinção" determinada de algum lugar; em vez disso, o próprio amor subtrai ou leva embora a destruição do objeto, toma-a como parte de sua própria destrutividade. Em vez de romper com o objeto ou transformá-lo pelo luto, essa *Aufhebung* – esse movimento ativo, negador e transformador – é recolhida no Eu. A "fuga" do amor ao Eu é esse esforço para esconder lá dentro a *Aufhebung*, retirá-la da realidade externa e instituir uma topografia interna na qual a ambivalência possa encontrar uma articulação alterada. O recolhimento da ambivalência produz assim a possibilidade de uma transformação psíquica – aliás, de uma fabulação da topografia psíquica.

Essa fuga e subtração é definida em seguida como uma regressão que possibilita a representação consciente da melancolia: "Após essa regressão da libido, o processo pode se tornar consciente *e se representa para a consciência como um conflito entre uma parte do Eu e a instância crítica*" [*"und repräsentiert sich*

---

[97] FREUD, Sigmund. Trauer und Melancholie. In: *Psychologie des Unbewussten, Studienausgabe*. Frankfurt: S. Fischer, 1982, p. 193-212.

dem Bewusstsein als ein Konflikt zwischen einem Teil des Ichs and der kritischen Instanz"; ênfase minha].

Embora possamos achar que a regressão da libido, o seu recolhimento à consciência (assim como o recolhimento da ambivalência à consciência), seja o fracasso de sua articulação, o oposto é que parece ser verdadeiro. É somente na condição desse recolhimento que a melancolia toma forma na consciência. O recolhimento ou a regressão da libido é representado na consciência como um conflito entre partes do Eu; na verdade, o Eu vem a ser representado em partes somente na condição de que o recolhimento ou a retirada tenham ocorrido. Se a melancolia constitui o recolhimento ou a regressão da ambivalência, e se essa ambivalência se torna consciente ao ser representada como partes opostas do Eu, e essa representação só é possível se houver o recolhimento, segue-se que essa prefiguração da distinção topográfica entre Eu e Supereu depende da melancolia. A melancolia produz a possibilidade de representação da vida psíquica. A *Aufhebung* que é subtraída – que poderia significar a superação da perda através do apego a um objeto substituto – é uma *Aufhebung* que ressurge dentro da representação e como representação, o cancelamento e a preservação do objeto, uma série de "vestígios de palavras"[98] (para usar o termo de Freud) que se torna a representação psicanalítica da vida psíquica.

Em que medida a melancolia representa uma ambivalência irrepresentável ao fabular topografias psíquicas? A própria representação está implicada na melancolia, isto é, o esforço de representar que está a uma distância infinita de seu objeto. Mais especificamente, a melancolia fornece a condição de possibilidade para a articulação de topografias psíquicas, do Eu em sua relação constitutiva com o Supereu e, portanto, com

---

[98] *Word-traces*, no original. Vale notar que a expressão não consta da edição em inglês de "Luto e melancolia". Freud fala em *Erinnerungsspuren* (vestígios mnemônicos, traços de memória – *memory traces*) e em *Wortbesetzungen* (investimentos de palavra, catexias da palavra – *word-cathexes*). (N.T.)

o próprio Eu. Embora se diga que o Eu é o ponto de partida para uma libido que subsequentemente é recolhida no Eu, agora parece que esse recolhimento é a condição para que o Eu surja como objeto para a consciência, algo que pode afinal ser representado, seja como ponto de partida, seja como lugar de retorno. Na verdade, a frase "recolhida no Eu" é produto retroativo do processo melancólico que ela pretende descrever. Desse modo, ela não descreve, estritamente falando, um processo psíquico pré-constituído, mas surge de forma tardia como representação condicionada pelo recolhimento melancólico.

Esse último ponto nos faz questionar a importância das topografias psíquicas que predominam neste e noutros ensaios de Freud. Embora possamos esperar que essas topografias sejam definidas como o aparelho explicativo da psicanálise e não como um dos seus sintomas textualizados, por assim dizer, Freud sugere que a própria distinção entre Eu e Supereu pode ser atribuída a uma ambivalência que primeiro é subtraída da consciência para depois ressurgir como topografia psíquica na qual a "instância crítica" se separa do Eu. Da mesma forma, quando discorre sobre as autocensuras do Supereu, ele se refere de forma reveladora à consciência como uma das "grandes instituições do Eu".

Explorando claramente uma metáfora do campo socialmente construído do poder, a referência de Freud à consciência como uma das "grandes instituições do Eu [Ichinstitutionen]" (p. 105) sugere não só que a consciência é instituída, produzida e mantida dentro de uma política mais ampla e sua organização, mas também que o Eu e suas várias partes são acessíveis através de uma linguagem metafórica que atribui um conteúdo e uma estrutura social a esses fenômenos presumivelmente psíquicos. Embora Freud comece seu ensaio insistindo no caráter indubitável da "natureza psicogênica" (p. 99) da melancolia e do luto nos limites de consideração do ensaio, ele também fornece metáforas sociais que não só regem as descrições topográficas da operação da melancolia, como também anulam implicitamente sua própria pretensão de explicar esses estados psíquicos em termos especificamente psicogênicos. Freud descreve "uma parte do Eu [que] se contrapõe à outra, avalia-a criticamente e a toma como se fosse um objeto".

Freud então menciona uma instância crítica "clivada" [*abgespalten*] do Eu, sugerindo que, em algum estado prévio, essa faculdade crítica ainda não estava separada. Como exatamente acontece essa clivagem do Eu em diferentes partes é algo que, ao que parece, pertence à cena estranha e fabulosa iniciada pela melancolia, o investimento subtraído do objeto e recolhido no Eu, e o surgimento subsequente de uma representação da psique em termos de divisões e partes que relacionam a ambivalência e o antagonismo interno. Essa topografia não é sintomática do que procura explicar? De que outra maneira explicamos essa interiorização da psique e sua expressão nesse contexto como uma cena de divisão e confronto? Existe algum texto social implícito nessa versão topográfica da vida psíquica, o qual instala o antagonismo (a ameaça do juízo) como necessidade estrutural do modelo topográfico e que decorre da melancolia e do recolhimento do apego?

A melancolia descreve um processo pelo qual um objeto originalmente externo é perdido, ou o ideal é perdido, e a recusa de romper o apego a tal objeto ou ideal leva ao recolhimento do objeto no Eu, à substituição do objeto pelo Eu e à instituição de um mundo interior em que uma instância crítica é clivada do Eu e passa a tomá-lo como seu objeto. Em uma passagem bem conhecida, Freud deixa claro que as acusações que a instância crítica levantaria contra o Eu revelam-se muito semelhantes às acusações que o Eu levantaria contra o objeto ou o ideal. Assim, o Eu absorve o amor e a fúria contra o objeto. A melancolia parece ser um processo de internalização, e poderíamos interpretar seus efeitos como um estado psíquico que efetivamente colocou a si mesmo no lugar do mundo em que habita. O efeito da melancolia, então, parece ser a perda do mundo social, a substituição das relações externas entre atores sociais por partes e antagonismos psíquicos: "a perda do objeto se transformou em uma perda do Eu, e o conflito entre o Eu e a pessoa amada, em uma cisão entre a crítica do Eu e o Eu modificado pela identificação" (p. 107).

O objeto se perde e o Eu o recolhe em si mesmo. O "objeto" assim recolhido já é mágico, um tipo de vestígio, um representante do objeto, mas não o objeto em si, o qual, afinal de contas, se foi. O Eu para o qual esse resíduo é "levado" não é exatamente um abrigo para partes de objetos perdidos, embora às vezes seja definido dessa maneira. O Eu é "modificado pela identificação", ou seja, modificado em virtude de absorver o objeto ou de recolher sobre si mesmo seu próprio investimento. O "preço" dessa identificação, no entanto, é que o Eu se divide em instância crítica e Eu como objeto de crítica e juízo. Assim, a relação com o objeto reaparece "no" Eu, não meramente como evento psíquico ou representação singular, mas como uma cena de autocensura que reconfigura a topografia do Eu, uma fantasia de divisão e juízo internos que passa a estruturar a representação da vida psíquica *tout court*. O Eu agora representa o objeto, e a instância crítica passa a representar a fúria repudiada do Eu, reificada como uma instância psíquica separada do próprio Eu. Essa fúria, e o apego que ela implica, se "voltam" para o Eu, mas a partir de onde?

No entanto, certas características socialmente identificáveis do melancólico, incluindo a "comunicabilidade", sugerem que a melancolia não é um estado psíquico associal. Na verdade, a melancolia é produzida na medida em que o mundo social é eclipsado pelo psíquico, na medida em que acontece uma transferência de apego dos objetos para o Eu, não sem uma contaminação da esfera psíquica pela esfera social que é abandonada. Freud sugere isso quando explica que o outro perdido não é simplesmente levado para dentro do Eu, como aconteceria ao darmos abrigo a um cachorro sem dono. O ato de internalização (definido como fantasia em vez de processo)[99]

---

[99] Ver SCHAEFER, Roy. *A New Language for Psychoanalysis*. New Haven: Yale University Press, 1976, p. 177. Para uma perspectiva da fantasia que opera dentro da melancolia, ver o capítulo 1 de ABRAHAM,

transforma o objeto (pode-se até usar o termo *Aufhebung* para essa transformação); o outro é tomado e transformado em Eu, mas um Eu a ser vilipendiado, produzindo e fortalecendo assim a instância crítica "habitualmente chamada de consciência moral".[100] Produz-se uma forma de reflexividade moral na qual o Eu se divide para fornecer uma perspectiva interna pela qual poderá julgar a si mesmo. Essa relação reflexiva pela qual o Eu se torna um objeto para si mesmo se revela como uma relação recolhida e transformada [*entzogen* e *aufgehoben*] para com o outro perdido; nesse sentido, a reflexividade parece depender da operação prévia da melancolia. O Eu também é retratado como se tivesse uma voz nesse processo, e na melancolia parece imperativo que a autocensura seja declarada pela *voz*, não só para si mesmo, mas na presença dos outros. As autorrecriminações do Eu não são simplesmente a imitação de recriminações antes proferidas pelo objeto perdido contra o Eu, como se costuma dizer; em vez disso, são recriminações feitas contra o outro e que agora se voltam para o Eu.

Antes de analisarmos melhor o que significa "voltar-se sobre si" dessa maneira, é importante notar que a forma psíquica de reflexividade que a melancolia elabora carrega dentro de si o resquício do outro como sociabilidade dissimulada, e que a performance da melancolia como enunciação descarada da autocensura diante dos outros efetua um desvio que religa a melancolia à sua sociabilidade perdida ou recolhida. Na melancolia, o que se perde para a consciência não é só a perda de um outro ou de um ideal, mas também o mundo social em que essa perda se tornou possível. O melancólico não só subtrai da

---

Nicolas; TOROK, Maria. *The Shell and the Kernel: Renewals of Psychoanalysis*. Tradução para o inglês de Nicholas T. Rand. Chicago: University of Chicago Press, 1994. [Edição brasileira: *A casca e o núcleo*. Tradução de Maria José R. F. Coracini. São Paulo: Escuta, 1995.]

[100] *Conscience*, no original. Nas antigas tradições de Freud, não se levou muito em consideração a diferença entre "consciência", a *Bewusstsein* que se opõe ao inconsciente, e "consciência moral" em relação à própria conduta, a *Gewissen*. (N.T.)

consciência o objeto perdido, mas também recolhe na psique uma configuração do mundo social. Desse modo, o Eu se torna uma "ordem política", e a consciência, uma de suas "principais instituições", precisamente porque a vida psíquica recolhe em si mesma um mundo social na tentativa de invalidar as perdas que o mundo exige. Na melancolia, a psique se torna o *tópos* em que não há perda e, de fato, nenhuma negação. A melancolia se recusa a reconhecer a perda e, nesse sentido, "preserva" seus objetos perdidos como efeitos psíquicos.

Freud fala sobre a conduta social do melancólico, enfatizando a descarada exposição de si mesmo: "a conduta do melancólico não é bem a de alguém com sentimento de culpa que normalmente faz contrição de arrependimento e autorrecriminação. Falta a vergonha diante dos outros [...], ou então ela não aparece de maneira chamativa. No melancólico, quase se poderia destacar o traço oposto, o de uma premente comunicabilidade, que encontra certo apaziguamento na exposição de si mesmo" (p. 104). O melancólico mantém uma relação indireta e desviada com a sociabilidade da qual se recolheu. Ele *teria* censurado o outro perdido se pudesse – por partir, quando não por outra razão. Ao realizar um desejo cuja forma, o pretérito do subjuntivo, forclui qualquer realização, o melancólico busca não só reverter o tempo, restabelecendo o passado imaginário como presente, mas também ocupar todas as posições e assim forcluir a perda do interpelado. O melancólico teria *dito algo* se pudesse, mas não disse, e agora acredita no poder de sustentação da voz. Em vão, o melancólico agora diz o que teria dito, interpelando apenas a si mesmo, como alguém que já está clivado de si mesmo, mas cujo poder de autointerpelação depende dessa perda de si. O melancólico, portanto, escava numa direção oposta àquela em que encontraria um vestígio mais recente do outro perdido, tentando resolver a perda através de substituições psíquicas e agravando a perda na medida em que prossegue. Como fracasso de interpelação, fracasso em sustentar o outro através da voz que interpela, a melancolia surge como forma compensatória do narcisismo negativo: eu vilipendio a mim mesma e reintegro o outro na forma da minha própria ambivalência interna. Recuso-me a falar com o outro ou do outro, mas falo volumosamente sobre mim, deixando um rastro refratado do que eu não disse para o outro ou sobre o outro. Quanto mais forte a inibição contra a expressão, mais forte a expressão da consciência.

Como esse problema da perda inconsciente, da perda recusada que marca a melancolia, leva-nos de volta ao problema da relação entre o psíquico e o social? No luto, diz Freud, não há nada inconsciente no que se refere à perda. Na melancolia, sustenta ele, há "uma perda de objeto que foi subtraída da consciência": o objeto se perde, mas não só – a própria perda se perde, é recolhida e preservada no tempo suspenso da vida psíquica. Em outras palavras, segundo o melancólico, "eu não perdi nada".

O caráter indizível e irrepresentável dessa perda se traduz diretamente na intensificação da consciência. Embora pudéssemos esperar que a consciência aumentasse e diminuísse de acordo com a força das proibições impostas externamente, evidencia-se que sua força tem mais a ver com um direcionamento da agressão a serviço da recusa de reconhecer uma perda já ocorrida, uma recusa de perder um tempo que já passou. Curiosamente, o moralismo da psique parece ser um indicador de seu próprio luto tolhido e de sua fúria ilegível. Desse modo, para restabelecer a relação entre a melancolia e a vida social, não podemos mensurá-la considerando as autocensuras da consciência como internalizações miméticas das censuras lançadas pelas instâncias sociais do juízo e da proibição. Em vez disso, surgem formas de poder social que regulam quais perdas serão e não serão pranteadas; na forclusão social do luto é que encontramos o que reforça a violência interna da consciência.

Embora o poder social determine quais perdas podem ser pranteadas, nem sempre ele é tão efetivo quanto parece. A perda não pode ser totalmente negada, mas tampouco aparece de uma maneira que possa ser afirmada diretamente. As "queixas" dos melancólicos são sempre mal direcionadas, mas nessa má direção reside um texto político nascente. A proibição do luto é entendida como perda da fala por seu destinatário. A dor da perda é "creditada" àquele que a sofre, e a perda aqui é entendida como falha ou injúria que merece reparação; busca-se a reparação por danos causados a si mesmo, mas por ninguém exceto si mesmo.

Não encontramos a violência da regulação social em sua ação unilateral, mas na rota sinuosa pela qual a psique se acusa de sua própria inutilidade. Sem dúvida, trata-se de um sintoma estranho e opaco do luto não resolvido. Por que a retração do outro perdido que se dá no Eu, a recusa em reconhecer a perda, culmina na privação do Eu? Será possível que a perda se restabeleça anulando o Eu para salvar psicologicamente o objeto? A diminuição da autoestima que diferenciaria melancolia e luto parece resultar da tentativa exacerbada da instância crítica de privar o Eu de sua estima. No entanto, podemos igualmente dizer que a questão da alta ou baixa autoestima não existe antes da operação dessa instância agência crítica, não existe "estima" que pertença ao Eu antes de sua divisão em Eu e Supereu. Antes da operação de uma instância crítica, seria difícil avaliar o Eu em relação a um ideal, pois esse tipo de juízo pressupõe uma instância crítica que possa aprovar ou desaprovar o estado moral do Eu. Nesse sentido, a autoestima parece ser produzida pela mesma instância crítica que potencialmente a destrói.

Freud se refere a esse restabelecimento da perda no Eu quando se refere ao Eu como miserável, empobrecido, "a perda do objeto [que] se transformou em uma perda do Eu" (p. 109). Essa perda no Eu é aparentemente a perda de um ideal de si; em textos posteriores, Freud especifica que os juízos da consciência funcionam de tal modo que o Supereu avalia o Eu em relação a um "ideal do Eu". O Eu se descobre miserável em comparação a esse ideal, e a "perda" sofrida pelo Eu é uma perda de comensurabilidade entre ele mesmo e o ideal pelo qual é julgado. De onde surge esse ideal? Ele é fabricado arbitrariamente pelo Eu, ou esses ideais preservam resquícios da regulação social e da normatividade? Freud comenta que a melancolia é uma resposta não só para a morte, mas também para

perdas de outra ordem, inclusive "ofensas e decepções" (p. 106).
E quando ele apresenta a ideia de que tanto o luto quanto a melancolia podem ser respostas à perda de um ideal, como a "pátria" ou a "liberdade", ele deixa claro com esses exemplos que o caráter desses ideais é social.
Os ideais pelos quais o Eu julga a si mesmo claramente são os ideais pelos quais o Eu se descobre faltoso. O melancólico se compara invejosamente com esses ideais sociais. Se eles são a santificação psíquica de objetos ou ideais antes externos, aparentemente também são alvo de agressão. Na verdade, podemos perfeitamente perguntar se a situação em que o Eu é censurado pelo ideal, por assim dizer, não é a inversão de uma situação anterior em que o Eu, se pudesse, teria censurado o ideal. A violência psíquica da consciência não é uma acusação refratada das formas sociais que transformaram alguns tipos de perda em não pranteáveis?

Assim, uma perda no mundo que não pode ser declarada provoca fúria, gera ambivalência e se torna a perda "no" Eu que não tem nome, é difusa e incita rituais públicos de autocensura. Quanto ao luto, Freud escreve que ele "leva o Eu a renunciar ao objeto, *declarando-o* morto" (p. 117, ênfase minha). A melancolia, em decorrência disso, se recusa a tal declaração, nega-se à fala, suspendendo o "veredicto de que o objeto não existe mais" (p. 114). Sabemos, no entanto, que o melancólico também é "comunicativo", o que sugere que sua fala não é nem veredictiva nem declarativa (assertiva), mas inevitavelmente indireta e sinuosa. O que não pode ser declarado pelo melancólico, não obstante, é o que rege a fala do melancólico – uma indizibilidade que organiza o campo do dizível.

"É que a inibição melancólica nos passa uma impressão enigmática, porque não conseguimos ver o que arrebata o doente tão completamente" (p. 102). O que não pode ser falado diretamente também é o que está oculto da visão, fora do campo visual que organizou melancolia. A melancolia se mantém fora de vista; é a absorção por algo que a visão não cobre, que resiste a ser exposto abertamente, bem como a ser visto ou declarado. Por mais particular e irrecuperável que pareça essa perda, o melancólico é estranhamente extrovertido, ele busca "uma premente comunicabilidade, que encontra certo apaziguamento na exposição de si mesmo" (p. 104). A inutilidade do Eu é comunicada insistentemente. A fala melancólica, nem veredictiva nem declarativa, continua incapaz de expressar sua perda. O que o melancólico declara, a saber, sua própria inutilidade, identifica a perda para o Eu e, por conseguinte, continua incapaz de identificá-la. A autocensura toma o lugar do abandono e se torna a marca de sua recusa.

A intensificação da consciência nessas circunstâncias atesta o caráter não reconhecido da perda. O Eu só se torna moralizado por causa da perda não pranteada. Mas quais condições permitem prantear ou não prantear a perda?

O Eu não só recolhe o objeto dentro de si, como também traz junto dele a agressão contra o objeto. Quanto mais o objeto é levado para dentro do Eu, por assim dizer, quanto mais intenso é esse o delírio de inferioridade, mais miserável se torna o Eu: esse delírio de inferioridade supera a pulsão "que obriga todo ser vivo a se apegar à vida" (p. 103). A agressão que se voltou contra o Eu tem o poder de contestar e superar o desejo de viver. Nesse ponto da teoria de Freud, a agressão contra si mesmo é derivada da agressão voltada para fora contra o outro. No entanto, podemos identificar nessa formulação o começo da reflexão sobre uma pulsão que seria oposta ao princípio do prazer, o que posteriormente ele chama de "pulsão de morte".

Na melancolia, o Eu contrai algo da perda ou do abandono que agora marca o objeto, um abandono que é recusado e, justamente por ser recusado, é incorporado. Nesse sentido, recusar uma perda é se tornar a perda. Se o Eu não aceita a perda do outro, a perda que o outro passa a representar torna-se a perda que agora caracteriza o Eu: o Eu torna-se pobre e miserável. Uma perda sofrida no mundo se torna a falta que agora caracteriza o Eu (uma cisão importada, por assim dizer, pelo necessário trabalho de internalização).

Desse modo, a melancolia opera na direção diretamente oposta ao narcisismo. Ecoando a cadência bíblica da "sombra da morte", uma maneira de a morte impor sua presença à vida, Freud observa que na melancolia "a sombra do objeto caiu sobre o Eu" (p. 107). Nos ensaios de Lacan sobre o narcisismo, essa formulação é revertida de modo significativo: a sombra do Eu cai sobre o objeto.[101] O narcisismo continua a controlar o amor, mesmo quando parece dar lugar ao amor objetal: o que encontro no lugar do objeto continua sendo eu mesma, minha ausência. Na melancolia, essa formulação é revertida: no lugar da perda que o outro passa a representar, descubro-me como a perda, empobrecida, faltosa. No amor narcísico, o outro contrai minha abundância. Na melancolia, eu contraio a ausência do outro.

Essa oposição entre melancolia e narcisismo aponta para a teoria da dupla pulsão. Freud é claro ao dizer que a melancolia deve ser entendida em parte como um distúrbio narcísico. Algumas de suas características provêm do narcisismo, mas outras provêm do luto. Ao fazer essa afirmação, Freud parece estabelecer o luto como um limite para o narcisismo, ou talvez como sua direção contrária. Entende-se que, na melancolia, o que corrompe o Eu é uma perda originalmente externa; no entanto, em *O Eu e o Isso*, Freud reconhece que o trabalho da melancolia pode estar a serviço da pulsão de morte. "Como sucede, então, que na melancolia o Supereu possa tornar-se uma espécie de local de reunião dos instintos de morte?",[102] pergunta ele. Como é possível que os efeitos da melancolia,

---

[101] "É a imagem de seu corpo que é o princípio de toda unidade que ele percebe nos objetos. [...] é sempre ao redor da sombra errante do seu próprio eu que vão-se estruturando todos os objetos de seu mundo [*l'ombre errante de son propre moi*]" (LACAN, Jacques. *O seminário, livro 2: o eu na teoria de Freud e na técnica da psicanálise*. Tradução de Marie-Christine Laznik-Penot. Rio de Janeiro: Jorge Zahar, 1985, p. 211).
[102] FREUD, Sigmund. The Ego and the Id. In: *Standard Edition*, v. 19, p. 54. (*"Wie kommt es nun, dass bei der Melancholie das der Ich zu einer Art Sammelstätte der Todestriebe werden kann?"*) [Edição brasileira: O Eu e o Id. In: *O eu e o Id, "Autobiografia" e outros textos (1923-1925)*.

efeitos que corroem o Eu e que superam a pulsão "que obriga todo ser vivo a se apegar à vida" (p. 103), trabalhem a serviço de uma pulsão que busca superar a vida? Freud segue adiante e observa que a "violência implacável" da consciência mostra que "o que então vigora no Supereu é como que pura cultura do instinto de morte [*Todestrieb*]. Na melancolia, então, de acordo com essa ideia revista que Freud publica em *O Eu e o Isso*, seria impossível fazer uma separação entre a pulsão de morte e a consciência intensificada pela melancolia. O Eu arrisca sua vida nos dois casos, a despeito da incapacidade de estar à altura dos padrões codificados no ideal do Eu. E a agressão que assume sobre si é em parte proporcional à agressão contra o outro que ele conseguiu controlar.

Nesse relato da melancolia, assim como no pensamento de Nietzsche, a reflexividade aparece como agressividade transposta. Em "Luto e melancolia", como vimos, a agressão é primordialmente uma relação com os outros – sua relação consigo mesma tem caráter secundário. Freud observa que a pessoa suicida só se constitui se já tiver sentido impulsos homicidas, e sugere que o autotormento satisfaz o sadismo e o ódio. Ambos os impulsos foram experimentados como tendências que "se voltaram contra a própria pessoa" (p. 110) – "*eine Wendung gegen die eigene Person erfahren haben*". A ambivalência que contém essa agressão divide o investimento, que agora se distribui em "partes": parte do investimento erótico regressa à identificação; a outra parte, ao sadismo. Estabelecidas como partes internas do Eu, a parte sádica assume como alvo a parte que identifica, e assim se produz o drama psiquicamente violento do Supereu. Freud parece assumir a ambivalência na cena da perda: um desejo para que o outro morra ou se vá (um desejo que às vezes é instigado pelo desejo de viver do Eu, e, por conseguinte, de romper seu apego ao que se foi ou morreu). Freud interpreta essa

---

Tradução de Paulo César de Souza. São Paulo: Companhia das Letras, 2011. (Obras Completas, v. 16). E-book, sem paginação.]

ambivalência como um exemplo de sadismo e, ao mesmo tempo, um desejo de preservar o outro como si mesmo. O autotormento é esse sadismo voltado para o Eu, que codifica e dissimula o duplo desejo de derrotar e salvar o objeto. A autopunição, observa ele, é o "desvio" do sadismo; também é, poderíamos acrescentar, o desvio da identificação. Nesse ponto, Freud parece deixar claro que o sadismo precede o masoquismo. (A ênfase que ele dá posteriormente à pulsão de morte inverterá essa prioridade.) As articulações reflexivas da agressão são sempre derivadas de outras articulações voltadas para fora. "Sabíamos há muito tempo", escreve ele, "que nenhum neurótico percebe intenções suicidas que não sejam voltadas para si mesmo [*auf sich zurückwendet*], a partir do impulso de matar os outros" (p. 110). O Eu toma a si mesmo como objeto no lugar de tomar o outro como objeto. Na verdade, o Eu *primeiro* toma a si mesmo como objeto desde que *já* tenha tomado o outro como objeto e que o outro se torne o modelo pelo qual o Eu assume seu limite como objeto para si próprio – uma espécie de mimese, não diferente da descrita por Mikkel Borch-Jacobsen,[103] em que a atividade mimética produz o Eu como objeto tendo o outro como modelo. Na melancolia, a mimese performa essa atividade como a incorporação do outro "no Eu". Trata-se de um esforço para preservar o outro e, ao mesmo tempo, dissimular a agressão em relação ao outro.

Está claro que nenhuma teoria freudiana que considere o Eu como primário ou preexistente consegue explicar como o Eu só se torna objeto com a internalização da agressão e a recusa da perda. A melancolia estabelece a base tênue do Eu e indica algo de seu status como instrumento de *contenção*. A importância do Eu para conter a agressão fica clara quando consideramos as metáforas explicitamente sociais que Freud usa nessas descrições.

---

[103] Sobre a mimese primária, ver BORCH-JACOBSEN, Mikkel. *The Emotional Tie: Psychoanalysis, Mimesis, and Affect*. Stanford: Stanford University Press, 1993.

Uma passagem, mencionada por Homi Bhabha,[104] sugere algo da analogia política em questão. "As reações de sua conduta [do melancólico] provêm sempre da constelação psíquica da revolta [*seelischen Konstellation der Auflehnung*], que depois, em decorrência de um determinado processo, foi transportada para a contrição melancólica [*die melancholische Zerknirschung*]" (p. 106). Bhabha argumenta que a melancolia não é uma forma de passividade, mas uma forma de revolta que se dá através da repetição e da metonímia. O melancólico inverte contra si mesmo a acusação que levantaria contra o outro; essa "incorporação" do outro também é, diz Bhabha, uma "desincorporação do Mestre". Enfatizando que "a Lei é sepultada como perda no ponto de sua autoridade ideal", ele argumenta que a melancolia contesta a idealidade dessa autoridade precisamente ao incorporá-la.[105] A idealidade da autoridade é incorporável em outro lugar, não está mais vinculada a uma figura da lei no sentido absoluto.

A melancolia é uma rebelião que foi derrubada, esmagada. No entanto, não é algo estático; ela permanece como uma espécie de "trabalho" que ocorre por deflexão. O poder do Estado para evitar a fúria insurrecional faz parte das operações da psique. A "instância crítica" do melancólico é um instrumento ao mesmo tempo social e psíquico. Essa consciência superegoica não é simplesmente análoga ao poder militar do Estado em relação a seus cidadãos: o Estado cultiva a melancolia entre os cidadãos precisamente como forma de dissimular e deslocar a sua própria autoridade ideal. Isso não equivale a dizer que a consciência seja uma simples instanciação do Estado, ao contrário: ela é o ponto de fuga da autoridade do Estado, sua idealização psíquica, e, nesse sentido, seu desaparecimento como objeto externo. O processo de formação do

---

[104] BHABHA, Homi K. Postcolonial Authority and Postmodern Guilt. In: GROSSBERG, Lawrence et al. *Cultural Studies: A Reader*. Nova York: Routledge, 1992, p. 65-66.

[105] *Ibidem*, p. 66.

sujeito é o processo de tornar invisível – e efetivo – o poder aterrorizante do Estado como a idealidade da consciência. Além disso, a incorporação do ideal de "Lei" ressalta a relação contingente entre determinado Estado e a idealidade de seu poder. Essa idealidade sempre pode ser incorporada em outros lugares e permanece incomensurável com qualquer uma de suas incorporações. O fato de essa idealidade não se reduzir a nenhuma de suas incorporações não significa, no entanto, que ela persista numa esfera numenal que esteja além de todas as corporificações. Em vez disso, as incorporações são lugares de rearticulação, condições para uma "elaboração" e, potencialmente, uma "insurreição" [*Auflehnung*].

É possível destilar a revolta existente na melancolia mobilizando a agressão a serviço do luto, mas também, necessariamente, da vida. Como instrumento de terror psíquico, a consciência exerce o poder da condenação que literalmente representa uma ameaça à própria vida. Freud observa que essa ameaça "consegue frequentemente impelir o Eu à morte, quando o Eu não se *defende a tempo de seu tirano*, através da conversão em mania".[106] A mania parece ser o desligamento energético do apego ao objeto perdido, consagrado nas operações da consciência. Na mania, no entanto, "permanece oculto para o Eu o que ele superou e sobre o que ele triunfa".[107] Na mania, o tirano é repelido, mas não arrojado ou superado. A mania marca uma suspensão temporária ou uma dominação do tirano pelo Eu, mas o tirano permanece estruturalmente oculto – e incognoscível – para essa psique. Para que haja uma dissolução da melancolia mais completa do que qualquer mania poderia proporcionar, Freud sugere que é somente com a aceitação do "veredicto da realidade" que a melancolia se torna luto e o apego ao objeto perdido se rompe. Na verdade, a agressão instrumentalizada pela consciência

---

[106] FREUD. *O Eu e o Id*, s.p.
[107] FREUD. *Luto e melancolia*, p. 113.

contra o Eu é precisamente o que deve ser reapropriado a serviço do desejo de viver:

> Em cada uma das recordações e das situações de expectativa que mostram a libido ligada ao objeto perdido, a realidade pronuncia seu veredicto de que o objeto não existe mais, e o Eu, por assim dizer, colocado diante da pergunta, se quer compartilhar desse destino, deixa-se determinar pela soma de satisfações narcísicas de estar vivo e desfaz sua ligação com o objeto aniquilado (p. 114-115).

Para o melancólico, romper o apego constitui uma segunda perda do objeto. Se o objeto perdeu sua externalidade ao se tornar um ideal psíquico, agora perde sua idealidade na medida em que o Eu se volta contra a consciência, descentralizando-se. Os juízos da consciência são trocados pelo veredicto da realidade, e esse veredicto representa um dilema para o melancólico, qual seja, seguir à morte o objeto perdido ou aproveitar a oportunidade para viver. Mais adiante, Freud observa que o apego não pode se separar do objeto sem a "declaração" direta da perda e sem que o objeto seja dessantificado externalizando-se a agressão contra ele:

> Assim como o luto leva o Eu a renunciar ao objeto, declarando-o morto e oferecendo-lhe o prêmio de continuar a viver, também cada uma das batalhas de ambivalência afrouxa a fixação da libido no objeto, desvalorizando-o, rebaixando-o e, por assim dizer, matando-o [*entwertet, herabsetzt, gleichsam audi erschlägt*] (p. 117).

"Matar" a instância crítica reverte e desloca a cena interiorizada da consciência e abre caminho para a sobrevivência psíquica. Considerando que a melancolia envolve um "delírio de inferioridade [...] e uma superação da pulsão [...] que obriga todo ser vivo a se apegar à vida", a ruptura com a melancolia envolve uma volta contra a agressão "já voltada" que constitui a consciência. A sobrevivência – não exatamente o oposto da melancolia, mas o que a melancolia põe em suspenso — exige redirecionar a fúria contra o outro perdido, contaminar a santidade dos mortos como critério da vida, enfurecer-se contra os mortos para não se juntar a eles. Embora essa fúria seja necessária para romper o vínculo melancólico, não há uma suspensão final da ambivalência e nenhuma separação final entre luto e melancolia. A ideia freudiana de que seria possível uma distinção entre luto e melancolia é contestada não só no ensaio que trata dos dois, mas também explicitamente em *O Eu e o Isso*. A ambivalência, identificada pela primeira vez em "Luto e melancolia" como uma possível resposta à perda, torna-se, no fim do ensaio, a luta que a perda provoca entre o desejo de viver e o desejo de morrer. Desse modo, tanto a ambivalência quanto a luta de vida ou morte, da vida e da morte, para usar o linguajar hegeliano, são provocadas pela perda, ou melhor, instigadas pela perda. Se a ambivalência distingue a melancolia do luto, e se o luto implica a ambivalência como parte do processo de "elaboração", então não há trabalho de luto que não envolva a melancolia. Como dito no capítulo anterior, Freud argumenta em *O Eu e o Isso* que o Eu é constituído por seus apegos perdidos e que não haveria Eu se a perda não fosse internalizada em termos melancólicos. No entanto, Freud não trata da posição inversa, embora sua teoria aponte o caminho: se o Eu contém a agressão contra o outro que se foi, segue-se que reexternalizar essa agressão "descontém" o Eu. O desejo de viver não é o desejo do Eu, mas um desejo que anula o Eu em seu processo de surgimento. O "domínio" do Eu seria então identificado como o efeito da pulsão de morte, e a vida, no sentido nietzschiano, romperia esse domínio, iniciando um modo vivido de devir contrário à estase e ao caráter defensivo do Eu.

Mas a história do luto não pode se reduzir à história do triunfo da vida sobre a morte. A dinâmica é mais complicada. Embora Freud, em 1917, ainda não tivesse feito uma distinção entre o princípio do prazer e a pulsão de morte, ele afirma que a melancolia tem o poder de forçar o Eu à morte. Em 1923, ele afirma explicitamente que a consciência, como funciona na melancolia, é "um local de reunião" para as pulsões de morte. No luto, a reivindicação da vida não triunfa sobre a sedução da morte, pelo contrário: as "pulsões de morte" são mobilizadas a serviço da ruptura com o objeto, "matando" o objeto para poder viver. Além disso, na medida em que o objeto existe como idealidade da consciência, e o Eu está situado dentro dessa cena topográfica, tanto a consciência quanto o Eu são necessariamente anulados por essa reivindicação homicida sobre a vida. Portanto, a "pulsão de morte" é paradoxalmente necessária para a sobrevivência; no luto, a ruptura do apego inaugura a vida. Mas essa "ruptura" nunca é plena ou definitiva. Não se retira uma quantidade de libido de um objeto para investir em outro. Na medida em que a melancolia estabelece a posicionalidade do Eu, a distinção entre o psíquico e o social, ela também funciona para possibilitar um encontro epistemológico com a alteridade. A conclusão do luto pode anular o Eu (no sentido de "desvinculá-lo" de seu investimento na consciência), mas não o destrói. Não há ruptura com a historicidade constitutiva da perda atestada pela melancolia (exceto, talvez, na resposta maníaca, que é sempre temporária). A historicidade da perda é encontrada na identificação e, por conseguinte, nas próprias formas que o apego está fadado a assumir. Nessa perspectiva, não seria possível conceber a "libido" e o "apego" como energias desvinculadas, mas sim como possuidores de uma historicidade que jamais poderia ser recuperada totalmente.

Se em "Luto e melancolia" Freud pensava que era preciso romper um apego para criar outro, em *O Eu e o Isso* ele deixa claro que o luto só pode ser cumprido, e novos apegos só podem ser formados, se o outro perdido for internalizado. Aqui, obviamente, vale a pena frisar um ponto que ainda não exploramos: a internalização não precisa tomar a forma de uma consciência implacavelmente violenta, e certos tipos de internalização, que nem sempre são incorporações, são necessários para a sobrevivência.[108] Com efeito, Derrida afirma, em consonância com o último Freud, que "o luto é a incorporação afirmativa do Outro" e que, em princípio, não pode ter fim.[109] Na verdade, é possível se enfurecer contra o próprio apego aos outros (o que significa simplesmente alterar os termos do apego), mas fúria nenhuma é capaz de romper com o apego à alteridade, exceto, talvez, a fúria suicida, que geralmente deixa para trás um bilhete, uma última interpelação, o que confirma o vínculo alocutário. A sobrevivência não se dá porque um Eu autônomo exerce autonomia no confronto com um mundo oposto – o Eu só surge mediante uma referência vivificadora a esse mundo. A sobrevivência tem a ver com o reconhecimento do rastro da perda que inaugura o surgimento do próprio Eu. Interpretar a melancolia como uma simples "recusa" de prantear suas perdas evoca um sujeito que já poderia ser algo sem suas perdas, ou seja, um sujeito que voluntariamente expande e retrai sua vontade. No entanto, o sujeito que poderia prantear está implicado em uma perda de autonomia determinada pela vida linguística e social; nunca pode se produzir de forma autônoma. Desde o começo, esse Eu é outro que não si mesmo; o que a melancolia mostra é que somente ao absorver o outro como si mesmo é que o Eu se torna algo de fato. Os termos sociais que tornam possível a sobrevivência, que interpelam a existência social, nunca refletem a autonomia de quem se reconhece neles e, assim, tem uma chance "de ser" dentro da linguagem. Na verdade, a sobrevivência se torna possível com a perda dessa

---

[108] Jessica Benjamin disse algo semelhante em *Bonds of Love* (Nova York: Pantheon, 1988), e Kaja Silverman defendeu a "identificação heteropática" em *The Threshold of the Visible World* (Nova York: Routledge, 1996). Baseadas em perspectivas psicanalíticas bem diferentes, as duas contestaram o papel central da incorporação e das funções superegoicas na descrição da internalização.

[109] DERRIDA, Jacques. Observações orais em evento do Humanities Research Institute, University of California, Irvine, em 5 de abril de 1995.

noção de autonomia; o Eu é libertado de sua forclusão melancólica do social. O Eu passa a existir somente na condição do "vestígio" do outro, que, no momento do surgimento, já está à distância. Aceitar a autonomia do Eu é esquecer esse vestígio; aceitar esse vestígio é embarcar em um processo de luto que jamais se completa, pois nenhuma separação final poderia ocorrer sem que o Eu se dissolvesse.

Essa percepção que a melancolia nos oferece sobre o poder que o vestígio da alteridade tem de produzir o Eu "em uma linha ficcional", como diria Lacan, não se restringe ao vestígio de um conjunto específico de outros, isto é, à criança e sua mãe ou a outros pares diádicos. Na verdade, o "outro" pode ser um ideal, uma pátria, um conceito de liberdade, no qual a perda de tais ideais é compensada pela idealidade interiorizada da consciência. É possível "perder" um outro ou um ideal tornando-o indizível, ou seja, perdido por meio da proibição ou forclusão: indizível, impossível de ser declarado, mas surgindo na dissimulação da queixa e nos intensificados juízos da consciência. Contido na topografia psíquica da ambivalência, o texto social desgastado requer um tipo diferente de genealogia na formação do sujeito, uma genealogia que considere como o que permanece indizivelmente ausente habita a voz psíquica daquele que permanece. A violência da perda é intensificada e refratada na violência da instância psíquica que ameaça a morte; o social "se volta" para o psíquico somente para deixar seu rastro na voz da consciência. A consciência, portanto, não consegue instanciar a regulação social; em vez disso, ela é o instrumento de sua dissimulação. Reivindicar a vida nessas circunstâncias é se opor à psique virtuosa, não por um ato de vontade, mas pela submissão a uma vida social e linguística que possibilita esses atos, que ultrapassa os limites do Eu e sua "autonomia". Persistir em nosso ser significa nos entregar desde o início a termos sociais que nunca são inteiramente nossos. Esses termos instituem uma vida linguística para quem fala antes de qualquer ato ou instância, e continuam sendo irredutíveis para quem fala e a condição necessária dessa fala. Nesse sentido, a interpelação funciona pelo fracasso, isto é, ela institui seu sujeito como agente precisamente na medida em que não consegue determiná-lo exaustivamente no tempo. A cena inaugural da interpelação é aquela em que o fracasso de se constituir se torna a condição de possibilidade da própria constituição. O discurso social exerce o poder de formar e regular o sujeito através da imposição de seus próprios termos. Esses termos, no entanto, não são simplesmente aceitos ou internalizados; eles só se tornam psíquicos através do movimento pelo qual se dissimulam e "se voltam". Na falta de regulação explícita, o sujeito surge como aquele para quem o poder se tornou voz, e a voz, o instrumento regulador da psique. Os atos de fala do poder — a declaração de culpa, o juízo de inutilidade, os veredictos da realidade — são representados topograficamente como instrumentos e instituições psíquicas dentro de uma paisagem psíquica que depende da sua metaforicidade por ser plausível. O poder regulador se torna "interno" apenas através da produção melancólica da figura do espaço interno, que resulta da subtração de recursos — uma subtração que também é uma virada da linguagem ao recolher sua própria presença, o poder se torna objeto perdido — a perda "de natureza mais ideal". Elegível para a incorporação melancólica, o poder já não age unilateralmente sobre o sujeito. Em vez disso, o sujeito é produzido, paradoxalmente, através desse recolhimento do poder, e sua dissimulação e fabulação da psique são um *tópos* falante. O poder social desaparece se tornando o objeto perdido, ou o poder social desaparece efetivando uma série de perdas obrigatórias. Desse modo, provoca uma melancolia que reproduz o poder como a voz psíquica do juízo direcionado (voltado) para si mesmo, moldando assim a reflexividade sobre a sujeição.

Alguns teóricos da psicanálise social afirmam que a interpelação social sempre produz um excesso psíquico que ela não pode controlar. No entanto, a produção do psíquico como um campo distinto não pode destruir a ocasião social dessa produção. A "instituição" do Eu não pode superar completamente seu resíduo social, dado que, desde o início, sua "voz" é emprestada de outro lugar, a reformulação de uma "queixa" social como autojulgamento psíquico.

O poder imposto ao sujeito é o poder que incita o surgimento do sujeito, e parece que não há como fugir dessa ambivalência. Na verdade, parece não haver "sujeito" sem ambivalência, ou seja, o redobramento fictício necessário para se tornar um si-mesmo impede a possibilidade da identidade estrita. Por fim, não há ambivalência sem uma perda que seja também veredicto da socialidade, que deixe os vestígios de sua virada na cena do surgimento do sujeito.

Este livro foi composto com tipografia Bembo e impresso em papel Off-White 80 g/m² na Formato Artes Gráficas.